新装版

観経のこころ

歎異抄の背景にある

正親含英

法藏館

目次

本書は、昭和五十六（一九八一）年刊行の『歎異抄の背景にある　観経のこころ』第三刷を改題し、オンデマンド印刷で再刊したものである。

聖人のつねのおほせには、弥陀の五劫思惟の願をよくよく案ずれば、ひとへに親鸞一人がためなりけり。されば、そくばくの業をもちける身にてありけるを、たすけんとおぼしめしたちける本願のかたじけなさよと御述懐さふらひしことを、いままた案ずるに、善導の、自身はこれ現に罪悪生死の凡夫、曠劫よりこのかたつねにしずみ、つねに流転して、出離の縁あることなき身としれ、という金言《きんげん》に、すこしもたがはせおはしまさず。さればかたじけなくもわが御身にひきかけて、われらが身の罪悪のふかきほどをもしらず、如来の御恩の高きことをもしらずしてまよへるを、おもひしらせんがためにてさふらひけり。まことに如来の御恩といふことをばさたなくして、われもひとも、よしあしといふことをのみまうしあへり。聖人のおほせには、善悪のふたつ惣じてもて存知せざるなり。そのゆへは、如来の御こころによしとおぼしめすほどにしりとをしたらばこそ、よきをしりたるにてもあらめ、如来のあしとおぼしめすほどにしりとをしたらばこそ、あしきをしりたるにてもあらめど、煩悩《ぼんのう》具足の凡夫、火宅無常の世界は、よろづのことみなもてそらごとたわごと、まことあることなきに、ただ念仏のみぞまことにておはしますとこそおほせはさふらひしか。まことにわれもひともそらごとをのみまうしあひさふらふなかに、ひとついたましきことのさふらふなり。そのゆへは、念仏まうすについて、信心の趣《おもむき》をもたがひに問答し、ひとにもいひきかするとき、人のくちをふさぎ、相論をたたんために、またくおほせにてなきことをも、おほせとのみまふすこと、あさましくなげき存じさふらふなり。このむねを、よくよくおもひときこころえらるべきことにさふらふなり。これさらにわたくしのことばにあらずといへども、経釈《きょうしゃく》のゆくぢをもしらず、法文の浅深をこころえわけたることもさふらはねば、さだめてをかしきことにてこそさふらはめども、古親鸞のおほせごとさふらひし趣、百分が一《ひとつ》、かたはしばかりをもおもひいでまひらせて、かきつけさふらふなり。かなしきかなや、さいはいに念仏しながら、直に報土にむまれずして辺地にやどをとらんこと。一室の行者《ぎょうじゃ》のなかに信心ことなることなからんために、なく〳〵筆をそめてこれをしるす。なづけて『歎異抄』といふべし。外見あるべからず。（歎異抄・第十九条）

第一講

安心《あんじん》と安心《あんしん》　はじめて、このご坊でお話させていただくご縁を頂きました。このご本堂へは、前にお詣りしたこともありますが、お話をさせてもらうことはこれがはじめてであります。

ところがご輪番さまから、この「宗意安心講座」の話をせよとご依頼をうけまして、一度はお断りをもうしあげたのであります。それはひとつは、私は田舎の小さい寺におりまして、ご坊さまといったような、殊にこのような大きなご坊さまでお話をするような、なんともうしますか資格がないといいまするか、それにふさわしくないということがありまして、ご坊さまといわれ別院といわれるようなところには、あまり出ておらんのであります。もうひとつは、宗意安心講座、浄土真宗の宗意ご安心の講座といわれますと、なにかこう肩が張るような心もちがいたしまして、とても私では宗意安心をお話しするというようなことができぬ心もちでお断りもうしあげたのであります。

ところがご輪番さまから、そんなにむつかしく考えないで——ということでお引受けしたのであります。

昨晩こちらに寄せていただきまして承ったのでありますが、ある方が、私が渋々とこちらへ出てくるという話を、京都で—ある先生(私の先生です)に話されたんだそうであります。ところがその先生が、私がここへ行ったら「宗意安心といってそんなに堅苦しく考えずに——安心《あんじん》というとなにか堅苦しいようだけれども、安心《あんしん》する話——安心のできる話、そういうつもりで話をせよ」といって言付《ことづ》けてくださったそのお言付けを聞いたのであります。それで、そのお言付けを聞きまして、なるほど「あんじん」と濁って読みますと、安心《あんじん》を頂かんならんというなにか特別のように考えられますが、「あんしん」といいますと、心安らかになって、やれやれと―こうならせてもらうことになりますね。

それで、ふっと思いだしたことがあるのであります。それは、私が京都で離れを借りて住んでおりました時分であります。五、六年前になりますか、ご遠忌の前であります。その頃、九州から、三・四人の人がある晩訪ねて来られました。鹿児島の果てからでてきて、本山の同朋会館で研修を受けられ、それが終ったから「一遍会いたいと思って訪ねてきました」といって来られました。ところが、帰られる前にこういうことを言われました。「どうしたことでありましょうか。（本山で二日間か三日間か知りませんが）お話を承っておりましたら、肩が凝ってしかたがなかった。ここへ来て、こうして二・三時間休ませてもらいましたら、肩の凝《こり》がとれました。なんでこんなのでしょうか」と尋ねられたことがある―それをふっと思いだした。その時にもうしましたことは「そうですな、ご本山で若い新進の方がたの難かしいお話を、なんでも聞きのがさぬように―なんでも間違いないように、こう思って聞かれる時には肩もつまりましょうな。ところがここへ来られたら、私はなんの難かしいことを知らず、新しいことも知らず、ただその日その日を、心安らぐように、心がおちつくように、まあ早くいえば、信心も安心もなく―ね、ただその日その日を念仏の中で暮らさせてもろうておるからして、肩が凝らんのですよ。けれども、肩が凝っておったのがやれやれと思えたということは、なにか肩の凝がとれたということは、一遍肩を凝らしてみなければ、肩の凝がとれたということもでてこんのですね。そうするとやっぱり、ご本山で（まあどういう話があったかも聞きませんけれども）、一生懸命になって聞いておったら肩が凝ったといわれる話を聞いてこられて、ここで肩の凝がおりたということになったのであるからして、ご本山の話が大事なんですよ」というようなことを申したことがあります。それをふっと昨夜も思いあわせまして、わざわざ先生が「なにも難かしく考えないで、みんなの肩が休まるように、心が安らかになるように話をせよ」と、わざわざお言付けをして頂いたその心を思って、今日から三日間話をさせていただきます。

歎異抄というお聖教　こちらへ出てまいりまして、私もふっと「現生十種の益」のお話をしようかとも思ったのであります。けれども昨年こちらへ来た時、こちらの雑誌といいますか会報といいますか、そういうものをいただきましたら、昨年か一昨年《おととし》か名畑先生が「現生十種の益」のお話をしておられる。で、私はなんのお話をしたらと思うたのでありますするが、『歎異抄』につきまして、そして『歎異抄』の背景になっておるといいますか、後《うしろ》になっておる『観経』のこころについてお話をさせてもらいたいと思うのであります。

ところが、その『歎異抄』をとりあげましたことは、実は、ひとつはこの頃『歎異抄』というお聖教は、浄土真宗のご宗門のなかというよりは、もっと広く、みんなの人が『歎異抄』『歎異抄』ということを言われるのであります。宗門ともうしまするか、浄土真宗の話は聞かないけれども『歎異抄』だけはと、こういう人も沢山あります。だから、天理教の人であろうが、金光教の人であろうがキリスト教の人であろうが、少し心ある人なら『歎異抄』は読まない人はないといってもよい。宗教に関係した人だけではなしに、哲学者も文芸家もみんな『歎異抄』を読む。高等学校の教科書にも『歎異抄』だけはひかれてある、どこかがでておる。そうすると、全国的に『歎異抄』『歎異抄』といって、宗門の人はかえって忘れておっても、『歎異抄』というものは、世間の人はそれほど重んじておるのであります。宗教を語ろうと思えば、あるいは人の心を語ろうと思えば、『歎異抄』がなにかみんなの人の心をひくということです。

ところがその『歎異抄』は、古来浄土真宗の安心を語られた書物となっております。『教行信証』は、浄土真宗の教相といいますか、残るところもなく浄土真宗の教の相というものを、親鸞聖人が筆をもって書かれた。『歎異抄』は親鸞聖人が書かれたのではなく、今日の定説となっていることからもうしますれば、お弟子の唯円房が親鸞聖人がなくなられてから、親鸞聖人のおおせを耳に聞いた―教えの耳に残っておるのを「かたはしばかり」も書きつらねた。それが、はじめの十章にでております。ところが、聖人がなくなられて今のすがたをみるというと、その親鸞聖人のお心に違うようなことをみんな言いだしたということを悲しんで、さらに八章――十一章からして十八章まで書かれた。それを書き終られると、はじめに読みましたところの「聖人のつねのおおせには……」と、また親鸞聖人のおおせを思いだされて、そして書かれたもの―これが『歎異抄』であります。

一室の行者のため　そこで『歎異抄』も親鸞聖人のお心をあらわされたもの、『教行信証』も親鸞聖人が自ら筆をとって浄土真宗を開きあらわしてくだされたもの。ところが『教行信証』のほうは、専門の人は別でありますけれども、みんなの人が『教行信証』といって親しむほどにならないのに、『歎異抄』は宗旨がなんであろうがみんなが親しむということは、いったいどういうことであるかということがひとつ思われるのであります。

この間、小林秀雄という名高い人の書物をあけてみました。これは講演集でありま す。

その一番終りに「話をすること（しゃべること）と、書くことと」こういう題のところ——そこに書いてありますことは、話をする時には、話をするのにつれて—まあ私の言葉になおしていったら、みんな、話について一《ひと》ところで考えこんでおることはできない。その話につれて、みんなが一緒になっている。ところが書くものになるとね、相手がないんだからして、書くほうも思案し思案して筋《すじ》を通してちゃんと書く。だからして、それを読む人もそれを読みながらそれを考え考えして—理解をしていく。ところが、お話をする時になるというと、聞かれるほうの人も、そんな考えている暇がないのだからして、聞く人と話す人とがひとつの心になって、そして心から心へ融けおうていくともうしますか、通《かよ》うていくものが残る、と。

だからして『歎異抄』は、親鸞聖人がおおせられておったことの、心に残ってきた——耳の底に残るところを「かたはしばかり」だけ「おもいいだしまいらせてかきつけそうろうなり」と。そうして『歎異抄』の一番終りを読まさせてもらうと、その『歎異抄』を結ばれるところに「かなしきかなや、さいわいに念仏しながら、直に報土にうまれずして辺地《へんち》にやどをとらんこと。一室の行者のなかに信心ことなることなからんために、なく〳〵筆をそめてこれをしるす。名づけて『歎異抄』というべし」とあります。

これはね、唯円房がどうして『歎異抄』を書かれたか、誰のために書かれたかといったら「一室の行者」であります。一室の行者。一室の行者というのは、一つの部屋―一つの同門といってもよろしいですね。おなじ善知識―おなじ先生からして話を承わって、そしておなじように念仏しながら、その教を聞きながらも、心がまちまちになっておることを悲しんで作られたものであります。そこに「一室の行者」ということが大事なことであります。

『歎異抄』は今もうしましたように、まあ強《し》いてもうしますれば、天理教の人も金光教の人も、キリスト教の人も読まれます。けれども、これは一室の行者ではありませんね。文芸家が読みましたって哲学者が読みましたって、皆それぞれの立場におきまして読まれます。だからして、その立場においてそれぞれの人が、なにか『歎異抄』からは得られるのであります。

けれども、私どもが『歎異抄』を読ませていただくときには、親鸞聖人のお心が唯円房に伝わり、その唯円房とおなじように、親鸞聖人を善知識として――ただ親鸞聖人のお心によって『歎異抄』をいただかせてもらう。これは、私大事なことだと思います。

だからこのごろ、『歎異抄』に関する書物は次から次へ、いろいろの人によって出ております。『歎異抄入門』とか『歎異抄の世界』とか、そして『歎異抄』に関する出版物は、簡単にいえば損をしない――必ず売れるというほど、いろいろの人によって話をされ、いろいろの人によって書かれてあります。ところが「一室の行者」というものからいいますと、どうしてこういうふうに読めるのかなあ、というような問題も沢山でておるのであります。

「破る」ということ　それに先だちまして――、この『歎異抄』は初めに、信心の「異なることを歎く」という言葉で始まっております。信心の異なる人を――破るということでありませんね。おなじように念仏しながらも、信心の異なることを歎き悲しむ。だからして、終りの言葉も「かなしきかなや」、悲しきかなやという言葉がでます。そして「なくなく筆をそめて」と、こう書かれてあります。

この、信心の違うことを破るということと、信心の異なることを悲しむということとは、大変私はちがうと思うのであります。破るということになりますとね、自分のほうになにか堅いものをもっておって、それでもって人の言っておることを破る。だからして、破るということは、知らない間に「相論」――争いおうて、戦いおうて破ることになる。――お互いに相論をして、親鸞聖人のおおせでもないことをおおせだと、こういって「ひとのくちをふさぐこと」まことに悲しいことだと、こういわれる。

つまり悲しむということはね、破るということとは違うのである。一口にもうしましたら、じっとみつめて、おなじように念仏しながらも—こんなにも違うものかなと、悲しんでそれを書かれた。『歎異抄』はその意味からもうしまして、唯円房の悲しみの書物であります。


ところが『教行信証』のなかにも、「悲しき哉」と。「慶ばしき哉」ということといっしょに「悲しき哉」ということがでておるのであります。「悲しむ」ということを言いますと——〃なんでもない、悲しいことがあったら誰れでも悲しむんだ〃と簡単に言います。

これは、先年なくなりました高見順という人があります。共産党にも入り、詩人でもあり小説家でもあり、そして親鸞聖人の教を身にうけていかれた人であります。その人が、戦争の終る時分に書いた日記のなかに、こういう言葉をつこうております。「人間がほんとに喜べるということは、そんなに簡単なことではない。けれどもそれにもまして、人間がほんとに悲しむということは、そんなに誰でも悲しめるというようなものじゃない」ということを書いておるのであります。それは、日本が戦争に敗けましてね、一番暗い時に書いた日記の中味であります。みんな、戦に負けたといって悲しんでおるようにみえておるけれども、ほんの上面《うわつら》であって、ほんとに、この日本のありさまを心からして悲しんでおるということは、そんなに容易にできることではない、と。そのなかには今ごろに科学振興だ振興だと言いあっていることが、いかに悲しみを忘れておるかということだ、とまで書いてある。これはその当時の、国が破れた―それをほんとに悲しんでおる人がどれほどあるか、ということを書いたものでありますけれども、悲しむということは、ほんとにそんなに容易なことではありません。

いま、よその宗旨のことをもうしますのは私あまり好《す》かんのですが、まあわかり易いようにもうしましたら、創価学会など、破邪顕正破邪顕正といって、間違うたものを破ってゆく―破ってゆく、と。破ろうと思ったら、知らない間に争いになってきますね。争いになってくる。むこうが間違うているから―それを破って正しいものにしてやらんならんと、こういうと争いになってくる。

ところが、間違うた姿をながめながら、どうかほんとになってくれよというときには、破るんじゃなくして、温かく包んで、悲しみながらみていくということがあります。悲しみながらじっとそれを見ていく――。

いま創価学会のことがでましたが、この地方ではそんなことないでしょうけれども、私のほうでは、ちらほらというか、浄土真宗の人も創価学会のなかへ入っていく人がありまず。私の門徒の中にも、一、二名そちらのほうへいった人があります。そのときにね—「誰それが、こんなふうになって創価学会に入ったと。あなたはお寺におられて責任があるじゃないですか。なんとか せなけりゃ ならない ので ないですか」、こう言われたことがあります。そのとき私は、「どうも甚だ申訳のないことである。けれども、責任ということを言われましたら、わずかのご門徒をあずかっていても、ほんとに、一人《ひとり》の人に信心をとらすというようなこともできぬ身であります。それを責任だと言われたら—責任かもしれないけれども、そういう責任の負えん身だ。創価学会へいってもいいというのじゃない。けれども、私はそれを破って、それは間違っているのだ—こちらへこいと引き直してくるより、じっとそこへゆく人の姿をながめておる。後姿を見ておる。やがてこの人もね、必ず念仏にかえってくれるんだと、後から念仏するより私のすることはないんだ」と、こう言ったことがあるのです。

これは、別の話になります。この間も広島へまいりましたら——これは人から聞いたのです。だいぶん年を寄られた人がある病院へ入り——キリスト教になって—そしてバイブルを読んでおった。ところが、その人がやっぱり、死なれる前にそのバイブルをおいて、手を合わせて、南無阿弥陀仏といって死なれたということを聞いたのであります。私は、どんな人もみんな、念仏のなかにかえってこられるなと思いました。けれども生きておる間は、時によればあれにゆきこれにゆき——その姿をじっとみつめるところに念仏を申させてもらうものの心があると、こういうことを思うのであります。

悲しみの心は―念仏にかえる　間違うておるものを「破る」ということと、間違うておるものの姿を「悲しむ」ということとは違う、ということをもうしたのであります。難かしいことをなにもいう用事はないのであります。皆さんがたが、世のなかの姿をみて―悲しむということとね、世のなかの姿が間違っておるんだからして―これを直《なお》さなければならぬといって、破るというか正してゆくということとは、大変違いはしませんか。

いろいろ今日の世の中のありさまを見るというと、歎げくといいますか、なんということになったんだろうというような、悲しい姿もでてくるんじゃないですか。けれども、そんならそれを直すことができるか、こういわれると、私どもにはそれを直す力はない。けれどもやっぱり、見たり聞いたりしておるとね、悲しい世の中の姿だなあと—こう思わずにおれないですね。

一例をとってもうします。若い人の言葉がいろいろ時代によって変ってきまして、流行語というものがありますね。この頃高等学校の生徒なんかが使っておる言葉、その時も聞いておやっと思ったのですが、なにかいうと〝関係がない関係がない〟こういうことを言うておる。私の孫も高等学校に行っておるのがありますが、なにかするとふっとね、関係ない——こういうことを言うのであります。そこで、なんという言葉がはやるんかなあと、私も思っておりました。

ところが、なんでもないようなことでありますけれども、関係がないという言葉を使いだしたということはね、人がどうであろうが、人が迷惑しようが、自分は楽しんでいるんだからそれでいいんだと、自分勝手になっていく。つまり、関係のないということで今言いたいのは、この人が困っておられるだろうなという思いやりの心・悲しみの心が、だんだん世の中からないようになっていく。もうひとついえば、慈悲というような言葉がはやらなくなって、みんなに使われなくなって——。みんながただ楽しむというか、その楽しむも心から楽しむのでなしに、その時その時の刺激の強いものをかきならして、そして自分さえということになってしまう。ところが、それじゃ—その世のなかに流行《はや》ってくる言葉、止めることができるかといわれると、どうもやはり言葉というものは止めることはできません。それじゃ、流行《はや》っておってもいいのかといわれると——また悲しまずにはおれない。世の中の姿をみて悲しみますれば、思わずしらずお念仏がでてくる。人の姿を悲しみますれば、その人の姿を見るのにつけて南無阿弥陀仏というお念仏がでてくるんでありま す。

ところが、かりに孫が〝関係がない〟とこう言う。するとそれを直してやらんならん、こういう時には、自分にお念仏はでてきません。まあ、お年寄りが多いから孫といっておきます。孫が念仏しない—念仏してくれない。念仏ささんならん—ささんならん、こう思う時には、かえって自分のお念仏を忘れている。どうなってもいいんじゃない。子も孫も念仏称えてくれるようにと思いながらも、わが子一人《ひとり》に念仏申さすことも孫に念仏申さすこともできない。そして、孫が、そうしたはやり言葉につれて、世間に流されてゆく姿を悲しみますれば、自分のうえにお念仏がでる。これでわかっていただけるでしょう。悲しみの心は念仏に帰する。けれども、私は念仏をもっているんだから孫にも念仏さすのだと、力んでいるときには自分が念仏することを忘れている。

それで『歎異抄』は、広くいえば浄土真宗は、世のなかの姿を悲しみわが身を悲しんでみるところに、浄土真宗の見かたというものありかたというものがある。間違ったものを破って、皆を浄土真宗にしようというのではなしに、世の中の姿をながめるにつけてそれを悲しみながら……。

念仏に、驚きがたつ　本年の元旦には、沢山年賀状を頂きましたけれども、そのなかに、心うたれる年賀状に二、三で会ったのであります。その一通は、こういう年賀状であります。年賀状は私もそうするのでありますが、十二月のうちに書いて差しだします。これでは正月の気分がちっともしないのですが、心うたれたのは、元旦にきちっと書いた年賀状であります。その葉書にはこう書いてあるのです。

まあおめでとうと書いてね―「せめて元日の半日だけなりとも、心静かにありたいと思います。ところが、元日の半日の間も、欲しがる心がでてきます、人を責める心がでてまいります。うらやむ心がでてまいります。せめて正月の一日の半日だけでも、そういう心がないようにと思うても、責める心や欲しがる心がでてまいります。その半日さえも心静かでない、その時に、ふとお念仏が出てまいりました」。

「ふとお念仏がでてまいりました」。で、そのつぎに「私の口からお念仏がでてきたことに驚きました」と、こう書いてあります。これだけでは、手紙の心もちが皆さんがたには通じないかもわかりません。この人はね、私はそういつも会っておるのではありません。ところが十年程前にこの人のお母さんに知りあって、始終会っておりました。ところが、そのお母さんがよく私に言いましたことは——いまの年賀状をくれた人が、長い間療養所へ入って、あれこれしておりましたので、お母さんはいつも「私の甲斐性《かいしょ》なしが、先祖の残してくれた財産も田圃も、娘一人《ひとり》を療養さすのにみんな費いはたしまして、まことに先祖に対して申訳がない」と始終言っておりました。もうひとつの苦は——そうして十年近くも療養所へいっておる、そこがキリスト教の関係のところであります。でその娘が、キリスト教の人の話を聞いたり、その書物を読んだりする。そうして、これはだんだんキリスト教にでもなってしまうんではないか、これは申訳がない、どうしたらよろしいかと言っておられる。

それで私は、ご心配なさいますなと言った。「病院へ入っておられて、たとえキリスト教のお話を聞かれたって、又キリスト教の書物を読まれたって、——それによって自分の心のあり場所をさがしておられるんでありましょう。——病気でやけになったり、遊ぶことだけを覚えるのからみれば、キリスト教の話を聞かれておったっていいじゃないんですか。それに必ず—必ず、キリスト教の話を聞かれてもお念仏へ帰ってこられますよ」と、こう言っておった。

その娘さんがどうにか病気がよくなって、養子さんをむかえて—子供もできた。お母さんはもうこの頃、年寄ってしまってそこへ行きましても出てくることができない。娘さんが、時おり顔を出す——これだけ言っておくと、わかると思います。

その、キリスト教の書物を読んだりバイブルを読んだりしてきた人が「せめて半日だけでも心静かにと、こう思うたけれども、元日の半日さえも心静かになることができません」と。その時に、念仏があらわれてくださった。南無阿弥陀仏という声がでてきました。そして自分で「私のような者の口から南無阿弥陀仏という声がでてきたことに驚きました」と。

念仏は、称えておるけれども、念仏が口からでてきたということに驚きのたたぬ人が沢山あるのじゃないですか。お母さんが南無阿弥陀仏—南無阿弥陀仏と称えておられるのは、お母さんが長い間聴聞せられてであろう。私のように、あまりお寺へも詣らぬような、或はキリスト教になろうかと思ったような者の口から、お念仏がでてきたということに「驚き」がたつ。これは大事なことでないかと思うのであります。

本願・宿業・念仏　さて、こんどお話をさせてもらおうと思うことは、『歎異抄』に流れておる『観経』のこころであります。『歎異抄』も悲しみの書物でありますが、『観無量寿経』も悲しみのお経であります。悲しみのお経といったら、お経にもそんなのがあるかと思われましょうが、お慈悲をあらわしたお経といったら皆さん、すぐ承知してくださるでしょう。お慈悲ということは――第一悲の字は、「かなしむ」という字でしょう。

そうしておきまして、はじめに読みました『歎異抄』の述懐篇ともうしますか、結びの言葉から『歎異抄』全体というものをうかがってみますると、『歎異抄』には三つのことが全体を貫いております。それは「弥陀の五劫思惟の願をよくよく案ずれば、ひとえに親鸞一人がためなりけり」。

そうすると、弥陀の本願ということが第一にでる。だから第一章は「弥陀の誓願不思議にたすけられまいらせて」である。ところがその本願は、親鸞一人「親鸞一人がためなりけり」。一人というのは「ひとり」ですね。わが身であります。そのわが身は「さればそくばくの業をもちける身にてありけるを、たすけんとおぼしめしたちける」と。

そうすると一人の身は、そくばくの業——ああいうこともあったこういうこともあった、それにつけて、宿業の深い、罪の深いわが身の一生であったなあということであります。すると、宿業ということがでてきます。そして、善導大師の機の深信のお言葉をはさんで、終りには「煩悩具足の凡夫、火宅無常の世界は、よろずのこと、みなもてそらごとたわごと、まことあることなきに、たゞ念仏のみぞまことにておわします」。念仏ということであります。「本願」と「宿業」と「念仏」と、この三つのものが響きあっているのが『歎異抄』だと、こういってもいいんであります。

本願が宿業を通す。本願を、ただ如来の本願—如来の本願と別のところにおくのでない。このわが身一人にかかった、罪の深いわが身にかかった本願としていただく。そうすると、本願が宿業の機にあたったらね、南無阿弥陀仏というお念仏になってあらわれてくる。宿業の大地という言葉もありますが、ちょうど、地からして一本々々の木が生えてくるようにね、みんながあれに苦しみこれに悲しみ、そうして生きていかんならん人間の大地のなかに、本願の風があたりまするというと、南無阿弥陀仏というお念仏になってあらわれてくる。

だからして、『歎異抄』の前の十章を読みましても、念仏という言葉がでてこない章は第三章だけであります。そしてまた、一章々々が、みんなそれぞれ宿業の機というものがある。宿業の機にかけられた如来の本願が響いてくださるというと、南無阿弥陀仏というお念仏になってくださる。

だからしてお念仏は、一方からいいましたらね、木に風があたって鳴りましたらね、それは風の音でもありますけれども木の音でもあります。風が吹いておりましても、木がなかったら音はしてこんけれども、遮るものがありまするというと、そこに音がでてくる。その音は、本願の声が南無阿弥陀仏という声でもありまするけれども、罪の深いものであるなあ―という人間の悲しみの声も、念仏のなかにある。

歎異抄と観経のこころ　こうしておきまして――昔からいわれますように、三部経の中でも『大経』は法の真実を説いたお経、『観経』は機の真実を説いたお経とこういわれるのであります。『大経』の方は、

如来の本願を説くを経の宗致と為す。

すべてが如来の本願が説かれた。ところが『観経』は、その本願がどういう機に、どういう人にあらわれてくださるか、と。人に本願があらわれたときに、どんな姿になってあ

らわれるか、ということを説かれたものが『観無量寿経』であります。親鸞聖人も、常のおおせ「親鸞一人がためなりけり」と、こう言われる。『観無量寿経』は、韋提希夫人といわれる一人《ひとり》のためのお経であります。その韋提希夫人といわれる方は、わが子のために牢屋に入れられて、「私は昔、なんの罪があってこんな子供を生んだんでありましょう」と、子をもった悲しみをのべられるところから『観経』は始まっておる。「昔、なんの罪があってこんな子をもったんでありましょう。釈迦如来はどういう因縁があって、提婆達多のような悪人を従弟《いとこ》にもたれました。この世は憂い悩みに満ちております。どうかそういう憂い悩みのない清浄——業の清められた世界を教えてください」、こういって願われるところから『観経』は始まっております。

そうすると『観経』の方は、苦悩のこの世を悲しんでいく——その悲しみの心に、本願の教えがどうあらわれてくるか。そして念仏は、南無阿弥陀仏とわたしが称えるということも、これも『観経』にでてくる教えであります。そこで昔から、『歎異抄』というお聖教は、これは『観経』のこころがずうっと流れておる教えだと先輩も教えられた。それで『歎異抄』のこころを思いながら、それでは『観経』のうえにどういうふうに宿業ということ、本願の念仏ということがあらわれてくるかということを、これから三日間に、できるだけお話させていただきたいと思うのであります。

第二講

人の、一生をあらわす言葉　『歎異抄』は三つに分かれております。一番最初にある十章は、親鸞聖人のお言葉をお弟子の唯円房が耳の底に聞いて—心の底に残っておることを書きつらねて、聖人がこうおおせられた、と。ところが、そのつぎの八章は、それ（前の十章）にてらして、わずかの間に、親鸞聖人のおおせと異ることを言いだした人達を悲しみ、こういう間違いがある—こういう過ちがあると悲しんで——八章があります。

それで筆をおこうとして、また『歎異抄』をつくられた心もちをあらわされて、「聖人の常のおおせには、弥陀の五劫思惟の願をよくよく案ずれば、ひとえに親鸞一人がためなりけり。さればそくばくの業をもちける身にてありけるを、助けんとおぼしめしたちける本願のかたじけなさよ」と聖人の常のおおせをだされた。そして、おなじ聖人の教えを聞きながら、こういうふうに異なってきたのは——おなじように念仏をしながらも、心が違ってきて「辺地」の往生ではと、それを悲しまれて「なくなく筆をそめてこれをしるす」

と。おなじ念仏をしながらもと、違った人のありさまを悲しみ歎いて作られた。それで「悲しみ」という話をしました。

それから、『歎異抄』を結びの言葉からうかがいますと、『歎異抄』は三つの要《かなめ》――それは本願と念仏と宿業ということだというお話をしたのであります。

ところが、その話の間に、世の中のありさまというものは、みんなが知らない間に流行《はや》る言葉をみるというと、世の中のありさまがわかるとこう申しました。それを、この頃はなにかいうと、関係がない――関係がないとこう言ってしまう。人がどうしておっても――関係がない関係がない。ただ言葉が流行っておるんだけれども、この世の中に関係のない者は一人もない。みんなが、つながりおうて生きておる。人が苦しんでおっても関係がないという心は、冷たい心でありましょう。苦しんでおる人をみれば、やっぱり知らない人でも、こうして人が苦しんで生きなければならぬのだということになれば、悲しみの心がわいてくる。だからして、関係がないという言葉の流行る世の中は、胸のあたたかみ、人のことを思いやる心がだんだんうすれてきたしるしだと、こういってもいいですね。自分さえ楽に、自分さえ楽しんで、それで――やればいいんだという。もうひとつ流行る言葉をいえば、この頃もう流行り止んでおるかもしれませんが、子供がなにかいうと頭へ手を上げて「シェ、シェ」と言う。あれ見ておりますと、だんだん人の言うことは聞かないようになっていく。人の言うことは「シェ」といってしまって、嘲笑してなんにも聞かんようになっていく。自分の言うことだけは言い張るけれども、人の言葉は聞かないという姿があらわれますね。

そこで元にかえらねばなりません。私どもがどんな言葉をつかわせて頂くかということが、その人の一生をあらわすことにもならなくてはならない。聖人の常のおおせと、ここにあります。聖人が常に、ことがあるごとにもうされた言葉を思いおこして——ある時こう言われた—ある時こう言われたと、十ヶ条がある。ところが「常のおおせには」ということはね、いつでも「弥陀の五劫思惟の願を案ずれば」と、常に弥陀の本願—弥陀の本願ということをおおせられた。そして「そくばくの業をもちける身にてありけるを」とおおせられた。罪の深い一生であったと、その罪の深い身を「助けんとおぼしめしたちける本願のかたじけなさよ」とおおせられた。

そうすると親鸞聖人のご一生は、弥陀の本願ということを思いつづけられたご一生だということであります。なぜ弥陀の本願ということを思いつづけなければならなかったか。なんにつけても、弥陀の本願が思われたということは、罪の深い「そくばくの業」——そくばくとは、あのことこのことと数えあげる「そくばく」であります。なんにつけても、罪の深い生涯であったと、ご一生を思い浮べられたということになる。

念仏にで遇う　それで私どもが、この世に生れさせてもろうた幸せというものは、よくこの人に遇うことができた「ああ、ようこの人に遇うことができた」という、或はそれを言葉でいいましたら「この言葉ひとつにで会うことができました」ということであります。これは、先日なくなられました亀井勝一郎といわれる方、親鸞聖人の教えをよく頂かれておる評論家ともうしますか文芸家といいますか、その方が「人生というものは邂逅だ」と。邂逅というのは、で会いということ、で会うということ。人と人とが出会う、で会いが人生。だからして、この親をもちこの子をもち、この人を妻としこの人を夫とし――夫と妻なら出会いでありましょう。どういうふうにして結婚したかは別にしましても、ほんとにそれが〃ようで会《お》うたなあ〃ということになれば、喜びがでてきますね。それを言葉に直したら、一冊の短い書物でも、「ああ、ようこのお聖教にで会うことができましたなあ」と。お聖教をもっと短くしたら、一句の言葉にいつでも――親鸞聖人が「弥陀の五劫思惟の願を」と、いつでもこの言葉さえ思いだすというと、胸がやすまるという言葉にで会わせてもらったら、幸せであります。この言葉を最も短くしましたら、念仏に遇わさせていただいた、念仏に遇わさせていただいたということが幸せであります。

ただ、ここで注意をしておきたいことは、念仏にで遇わさせていただくということであります。

先日或る所へ参りましたら、長い間学校の先生をしてこられた方が、この頃話を聞きにこられる。で、その方が「感謝の心もちはわいてきます。いつでも—こうして聞かさせてもらっておる、感謝する心もちはありますけれども、なかなか念仏は申されません」こう言われる。そうすると、もう一人の人がそれに賛成されて「私も、こうして無事に食べさせていただいて、不自由なく暮させてもらうのは勿体ないと思いますけれども、念仏はでてまいりません。どうしたものでしょう」。念仏はもうされません、こう言われる。そこで、私その時もうしましたことは「毎日毎日感謝して日暮しができればね、別にそう念仏申さんならんというふうにお考えにならなくても、ほんとうに感謝できればね、なにもいうことないじゃないですか」と。けれども、ただひとつお尋ねしたいことは「いつでも感謝して、勿体ないとばっかし思われて、悲しいということはありませんか」と。「悲しいということにはおで会いにならぬのでありますか」というて尋ねた。自分のうえにも、世のなかの姿を見ても、なにもかも感謝感謝、ありがたいありがたいだけで、なんにも悲しみはございませんか、といって尋ねたんであります。どうも、尋ねた心もちがむこうへはっきりはわからぬのであります。それで「時によったらね、人間は感謝しなければならないと思いつつもね、感謝のできない悲しみがある、ご恩さえわからぬというね—そういう悲しみもあるんですよ」と、こう言った。

ところがそうしたら、もう一人の人があって、この人はこう言われたんであります。まあ、いずれも五十代の年輩の人です。「台所で炊事のこしらえをしておっても、お念仏だけは、南無阿弥陀仏—南無阿弥陀仏とでてまいります。お念仏だけは、いつでも口にでてまいります。けれども、お念仏だけはでてくるけれども、ちっとも有難いという心もちもでてきませねば、ちっとも日暮しに喜びもでてきませんし、ただお念仏だけが口にでてきます。これじゃ、やっぱり駄目なんでしょうなあ」といって尋ねられる。それ聞いておりましてね、お念仏は、申される人も申されぬと言うておられる人も、お念仏にで遇われないなあということですね。念仏は称えられるというけれども「ようこそお念仏にで遇いましたなあ」と、念仏に遇わさせていただいてということが出てこない。また「なんでお念仏が称えられんのだろう」こういって、一口《ひと》の念仏がでてきたことに驚きがたたない。念仏にで遇わないということですね。

そくばくの業　そこで「そくばくの業をもちける身にてありけるを」と。こんどの話は、『歎異抄』にあらわれたる『観経』の心をということです。『観経』も韋提希夫人一人のため、親鸞聖人も弥陀の本願はこの「親鸞一人がため」とおおせられる。いつでも、信心――機というときになれば、一人のこの身にうけさせてもらう。ところが、その一人の身は「そくばくの業をもちける身にてありけるを」と、その業の話を今日させていただこうと思うのであります。

ところが、『歎異抄』をみましてもね、業ということが全体として――それは一章にも、

弥陀の本願には老少善悪の人をえらばれず

と、人というのがでています。けれども、二章にゆきまするとき「念仏申すのが、地獄へ堕つる業であるやら浄土へ参るたねやらそれもしらん」と、やっぱり業がでる。あるいは「悪人正機」の第三章に、それを照しあわす十三章になりますと、

よきこころのおこるも宿善のもよほすゆへなり、悪《あ》しきことのおもわれせらるるも悪業のはからふゆへなり。故聖人のおほせには卯毛・羊毛のさきにいるちりばかりも、

つくるつみの宿業にあらずといふことなし

と、こうおおせられてある。

ところが、今もうしましたように、終りの言葉の「されば、そくばくの業をもちける身にてありけるを」とおおせられたとき、「そくばく」という言葉は、私達をしばりつけるということじゃなしに、物を数えあげる、漢字で書いたら若干《じゃっかん》と書く字です。あのこと―このこと、あのこと―このことといわれる。親鸞聖人が晩年になられましてからね、自分の一生をふりかえられて、ああいうこともあった、ああいうこともあった、それにつけて業の深い、罪の深いこの身だ、こうおおせられたことになります。

ところが、ああいうこともあった、こういうこともあった、こうおおせられるときにはね、いろいろご一生の間に、小さい時に親に別れられて、出家して叡山に上《のぼ》った。叡山に上って修業して みたけれども 学匠にもなれず、念仏して―仏が拝めるようにもなれず、そして妻をもち子をもたねばならなかった。いろいろの、事実を思い浮べられるんであります。そこへ直接でてきますのは、この世のあり方であります。親に早く別れねばならなかったことも宿業のいたすところ、出家しなければならなかったことも宿業のいたすところ。それを、別の言葉では、罪が深かったとこう言われるのであります。親鸞聖人が、自分は罪の深い一生をおくったところ言われたって、なにか悪いことをせられたのかといったら、世間でいう罪ならばね、親鸞聖人のご一生をみましても悪いことはなんにもしておられんのでありましょう。なんにも悪いことをしておられない。ただ、自分が親に別れなければならなかったという不仕合わせ、或はその悲しみというものを、ああ罪の深さよとおうけとりになった言葉が、宿業という言葉である。そして、人間の罪の深さということを、ひとつの物語りであらわされたお経が『観無量寿経』であります。

浄業の機　だからして『教行信証』の「総序」の書きはじめのお言葉に、

竊《ひそか》に以《おもん》みれば、難思の弘誓は難度海を度する大船、無礙の光明は無明の闇《あん》を破《は》する慧日《えにち》なり。

これは、如来の本願『大無量寿経』のお意《こころ》をあらわされた。つぎに、

浄邦縁熟して、調達《じょうだつ》、闍世《じゃせ》をして逆害を興ぜしむ。浄業、機あらはれて、釈迦、韋提をして安養《あんにょう》をえらばしめたまへり。

浄邦の縁というのは浄土の教えのご縁であります。縁は外でありますからね。そうすると阿闍世が提婆達多にそそのかされて親を牢屋に入れた——それが縁になる、だからし

て不仕合せでありましょう。韋提希夫人からいえば、わが子に牢屋の中へ入れられなければならなかったということが縁になる。そして「浄業機彰れて、釈迦、韋提をして安養をえらばしめたまえり」。その浄土へまいらしてもらう、浄土往生の業を修する機があらわされて、韋提希夫人が牢屋の中からして浄土を願われたということがでておる。親・子というものをだしてね。子が、親を牢屋に入れなければならないということはみんな宿業のいたすところ。その事実のことは、私お話する時間もありませんし、みんなご承知のことといたします。

阿闍世王が、頻婆娑羅王を牢屋へ入れて、それを助けようとした母親をまた牢屋へ入れる。韋提希夫人がその牢屋の中からして、釈迦如来を思うて釈迦如来の教えを請うたということが『観経』のはじめに書かれてある。するとそこに、業縁と、こういうものがあらわされる。

それは、二千年前の印度の物語りじゃなしに、そういう話によって、何を私どもに教えてくださるかといえばね、この世の業縁というものは、形は変っても、それぞれの人にそれぞれの業縁がありまするからして、子に困っておる親もあれば、親に困っておる子もありまするしね。夫に困っている妻もあれば、妻に困っている夫もあるし——そういう逆縁というものがあります。親子ほどよいものはないけれども、また親子ほど苦しみあわねば生きておれない―この世の姿というものもあるんじゃありませんかね。夫婦は最も近いものでありながら、ときによればね、それに困りおうて生きなければならない、そういう縁を結んでおるのが人間の姿ではないでしょうかな。

だから、そういうことにで会《お》うた時にでてくるものは、韋提希夫人が牢屋の中からして耆闍崛山におられる釈尊を思いおこして、「どうか阿難と目蓮の、二人のお弟子でもお遣《つかわ》せください」と念ずると、そこへ釈迦如来があらわれます。その釈迦如来の姿を拝んでもうしたことは、

私は昔、なんの罪あってこの悪い子供を生んだんでありましょう。また釈迦如来はなんの因縁あって―どういうご因縁があって、提婆達多のような悪人を従兄弟《いとこ》にもたれたんでありますか（世尊、我宿何《むかし》の罪ありてか此の悪子を生ぜる。世尊、復何の因縁有りてか提婆達多と共に眷属たる）。

そうすると「なんの罪があって、この悪い子供を生んだのでありましょう」――これは愚痴でありますな。なんでこんな子供をもったんだろう、と。この子さえなかったら、と。こういうことは人間の愚痴であります。

愚痴をきく釈迦如来

ところが、愚痴というものがね、愚痴というものがだんだん愚痴をこぼす用事がないようになってしまいまするというとね、そうするとどうでしょうかな。愚痴をこぼすことはいいことじゃございませんけれどもね、愚痴をこぼした覚《おぼ》えもない、なんにも愚痴がでてこんというようなふうに、そういう人ばしであったら―どうなんでしょうな。私は、もし世の中がね、誰一人も愚痴をこぼさんで、心の底から喜んで暮らせるんならいいけれども、ときによったら、悲しむべきことも悲しまんで〝しえ〟といったり〝関係がない〟といってすんでしまうような世の中になったら、この世の中というものはなんと淋しいもんかと思いますな。愚痴こぼすのがいいとは言いません。もっと端的にいいましたらね、私らのような愚痴っぽい人間は、愚痴を聞いてくれるような人がなかったら、「愚痴なんかこぼしておってなんになる」と言われる人ばかしであったら、とてもやってゆけませんな。「あなたもそんな愚痴があるか、私も同じような愚痴をこぼさずにゃ生きてゆけません」―いうところに、この世の姿というものがあるように思うのであります。

だからして、韋提希夫人がほかの人に愚痴をこぼしたんじゃない。隣近所で愚痴をこぼしたんじゃない。愚痴というものは、ほんとうの愚痴というものは、隣の人にもこぼせず、ときによれば夫にも妻にもこぼせず、誰にもいうことのできないような愚痴を、もし聞いてくださる人にで会うことができたら、そこに救いのかかわりがあるんじゃないですか。それが『観経』では、釈迦如来である。釈迦如来の姿を見ると、今までこらえておった愚痴が「私はなんで―なにの罪があってこんな悪い子供をもったんでありましょう」そういって愚痴がこぼれた。ところが、その愚痴を聞かれる釈迦如来はね、聞いて―慰められるかというと、ひとつも慰められておりません。黙って―ただ聞かれるだけであります。黙って―聞く。ところが『観経』には、「私はなんの罪あって、こんな悪い子供をもったんでしょう。」

そして、

この世は憂い悲しみに満ちておりますが、こういう憂いのない処《ところ》へどうか生れたいと願います。この世は地獄・餓鬼・畜生に満ちておって、悪い人が多い。どうかそういう人のいない、清浄な世界へ生れたいと願います（我が為に広く憂悩無き処を説きたまへ。我当に往生すべし。………此の濁悪処は地獄・餓鬼・畜生盈満し、不善の聚多し。………願はくは仏日我を教へて清浄業処を観ぜしめたまへ）

といって、浄土を願われる。

ところがそれを聞かれながら、釈尊は「よくお浄土を願うようになった」とも言われず、「そんな愚痴をこぼしてどうなるか」とも叱られもせず、「愚痴がこぼれるのは無理ない」といって慰められもせず──黙って聞く。その黙って聞いておられる釈尊の眉間から光がでて、その光がかえってきて、お浄土の相が現われたと、こう説かれる。

そうすると愚痴のほうはね、聞いて慰められるのでもなければ、愚痴をこぼしてはならんと叱られるのでもなくして、愚痴は、もうせる人があったらそこにおちつくことができる。そして、そこへでてきます愚痴のしるしは、此の世は地獄・餓鬼・畜生に満ちておる。「此の世は憂い悩みの世界であって、地獄や餓鬼や畜生に満ちております。どうか、こういう地獄や餓鬼や畜生のないところを願います」という。

地獄　まあ、地獄という言葉がでましたから地獄のほうからさきにもうします。ところがこの頃の人は、地獄というと〝そんな地獄なんかあるものか〟とすぐこう言います。それをもうしまするのは『歎異抄』に、宿業・本願・念仏と──これは三つの要《かなめ》。ところが、その宿業についても本願についても、『歎異抄』にずうっと流れておる言葉は、

弥陀の誓願不思議にたすけられまひらせて、往生をばとぐるなりと信じて（第一条）

という「往生」です。それが二章へゆきますと、わざわざ命がけでみんながわざわざ尋ねてこられたのは「往生極楽の道を問いきかんがためなり」。ここにも、往生極楽ということがでてくるのであります。ところが午前中に話しましたように、いろいろの方が『歎異抄』を読まれる。けれどもときによりますと、その往生極楽ということが、みんなぬけてしまうのであります。けれども『歎異抄』から往生極楽の道―往生浄土の道というのをとってしもうて、どうして親鸞聖人のお心がいただかれるかと、私どもからいうと不思議にも思うのであります。

ところが、「この世は地獄・餓鬼・畜生に満ちております」と。それを、『観経』の説かれた時分のことだ―昔の人だからして地獄ということが思えたんだとこう言います。けれどもね、おなじ地獄という言葉でありましても、今日でも生《い》き生きとつかわれておることがありますよ。一つの例を出しますればね、高見順という人が『死の淵より』という詩の日記を書いております。臨終の前に日記を書いて、その中にこう書いておる。自分は病院へ入ってベットの上に寝ておる、床の上には妻が、小さくなって寝ておる。その姿をながめながら「わしのような者が地獄にゆかなんだら、誰が地獄へゆくだろう」こう書いておる。わしのような者が地獄へゆかなんだら誰がゆくだろう、と。それは、妻の姿を眺めながら書いたのでありますからして、妻の姿を眺めたら――、酒を飲んで……或は女出入《でいり》もあって……、さんざん妻を困らせてきたなあ、この妻に苦労をかけてきたなあという思いであります。それを思うて、わしのような者が地獄へゆかなんだら誰が地獄へゆくだろうと書いて――そして「けれどもわしが地獄へいっても、この家内は地獄までついてきて、やっぱり看病するだろう」と。

そういう文章を読んで、もし高見順といったような新しい思想家が「わしのような者が地獄へゆかなんだら誰が地獄へゆくだろう」――そんな馬鹿なことを書いておるといって笑う人があったらね、文章の読めん人でないですか。妻の姿を眺めながら、さんざん苦労をかけた自分のことを思うとね、「こんなような者が地獄にゆかなんだら、誰が地獄にゆくんだろうか」こう書かずにおれないところにね、自分の姿をじっと見た、或は苦労をかけてきた姿というものが、その言葉によって表わされておるんじゃないですか。

で、この人一人じゃありませんね。これは北陸の方だったと思いますが、吉野秀雄さんというかた。やっぱり、別の書き方でありますが、「地獄がなかったら――地獄ででも会いたい」と、こう書いてあります。地獄は―世間の人は無いといっても、わしは妻を失ったときに、地獄ででも遇いたい、と。やっぱり生きておりますな。

地獄が、あるんじゃ・ないんじゃということでありません。そしてそのことは、みなが人のことを言って、「あの人は鬼のような人だ」と。鬼だってどこにもおりはしません。どこにも鬼がいるんじゃない、人の姿を見ておれば、そこに鬼とでもいい表わさなければならんような姿が見えるときに「鬼のような人だ」とこういうんでありましょう。

そうすると『観経』の場合だって、親子に生れたものが殺しあわねばならんという姿をみれば、この世は地獄の姿に満ちておる――この世の姿をじっとみれば、この世は地獄・餓鬼・畜生に満ちておりまするからして、どうかこの地獄や餓鬼や畜生のない世界と、こう願わずにおれなかったんです。

ただここで大事なことは、地獄や餓鬼や畜生といっておりましても、韋提がまだこの場合にいうときの地獄はね、自分は苦しめられておるもの、自分はひどいめにあわされておるもの。だからして、そういう悪人が満ちておるからして、そういう悪い子供のない処―悪人のおらない処として、自分の悪ははっきりと見ておらないわけです。ただ、自分は苦しめられてあるもんだ――。

だからして、人のことをみてね―あの人は鬼のような者だという。自分のうえに鬼のような姿が現われておるというところまでは、ここではいっておりません。人を見たら鬼のような人だとこういってもね、その人自身は、鬼なんぞない―自分は人間としてのすることをしておるんだと、みんな思うておる。ところが、それを他からみれば、人間でありながら鬼のような姿・顔をし、餓鬼のような暮らしをしておるとこうみられた。だからして、釈迦如来はその言葉を聞いて「よう地獄に気がついたか、浄土を願うようになったか」と、ほめられもせんわけである。

眉間の光をみる　地獄の話はすみましたから、もうひとつ浄土のほうであります。『歎異抄』には「往生浄土の道を問いきかんがためなり」と、こういうてある。『観経』でも、「此の世は、地獄・餓鬼・畜生に満ちておりまするからして、どうか地獄や餓鬼や畜生のない世界を教えてください」こう願う。その願がでてくると、釈迦如来の眉間から光を放って、お浄土の相《すがた》が釈尊のうえに現われた。こういうことも、今の人に話しましたらね、眉間から光がでるというようなことはないとこういう。ところが、お経はひとつの物語りというか、話によって私どもを教えてくださる。

まあお経を御伽《おとぎ》話だと聞いてもらっては困りますが、世間には童話というものがありましょう。御伽話というものがね。ところがお伽話は、昔なら子供がそれをお婆さんから聞いた。お婆さんから、桃太郎の話やカチカチ山の話、いろんな童話を聞いてそして育ってきたんでありましょう。この頃なら童話も違ってきたでありましょうが、ともかく、それを耳に聞きながら育ってきたんであります。ところが、その童話にこもっておる心といいますか、雉や猿や犬やと、こういうものをつこうて私どもに何を教えてくださったかということは、三十・四十の人生の苦労を経てきてはじめてわかるんであります。そうでしょう。

けれどもね、それでは初めから、猿というのは「智」のことだ、犬というのは、これ間違うておるかもしれませんが「仁」のことだ、そんなこと説明して子供に聞かせたら、お伽話にでてくる―仲の悪い猿と犬とが仲よう暮したというようなことわね、子供の心にはちっともうってきませんな。そんな説明ばかりしておったらね。子供に聞かす時にはやっぱり、猿・犬・雉が桃太郎の家来になったというようなことで、子供の心にはそういう理屈にならずに、仲の悪い者も、仲をよくして一つの握りめしを分けあってというものが伝わっていったんでありましょう。そうしましたら、お経の中にでてきますることも、「眉間から光が出て」とこう書かれたからといって、眉間に螢光灯がともったというようなこ

とを言われたんじゃない、ということははっきりしております。じいっとそれを聞いてお
られる釈尊のお姿の上にね——眉間ということは、人の思いはみな顔に現われます。顔に
現われるときには——眼をみれば眼をみるとか、或は眼がものをいうという言葉もありま
するように、やっぱり眼をみておれば、悲しい人には悲しみの眼がありまするし、喜びの
人には、喜びの眼をしておるんじゃないですか。そしたら、憂いがあれば、憂いがあれば
眉間は曇りまするし、憂いがなければ、憂いがなければ—明るければ、眉間は光り輝やい
てくるんじゃありませんか。そうすると、韋提希夫人が「なんでこんな子供を生んだか」
といったとき、眉間はくもっておるんであります。眉間はくもっておる。けれども、その
愚痴を聞かれておる釈迦如来には、やがて韋提希夫人もこうして浄土を願う人になってく
れたと、必ず救われるという明るさがある。それが、眉間の光になって現われたとこうい
ってもよろしいな。

午前中に年賀状の話をしましたが、もう一通、今年きました賀状の中に心うたれたのが
あります。その方は、私が勤めておりました学校に来ておりまして、特別に講義をうけさ
せてくれといって出席しておったので、それで知っておるのであります。もう、おそらく
子供もできただろうと思うのですがね。自分がつくったのか、或は誰かがつくった詩の

文句か知りませんけれども、おめでとうとも書かずにただこれだけ書いてありました。「みんな一人ぽっちなんです。みんなつらいんです。みんな悲しいんです。けれども、明るいんです」と。一行おいて「何故でしょう」でありましたか、何故でしょうといったような言葉です。「それは、仏さまが知っていらっしゃる」とこう書いてある。

本人がつくったのか、つくった人のを借用したのかは知りませんけれどもね——借用したにしましても、結婚して子供ができた、賑やかになったはずであります。ところが、その賑やかななかにあって、「みんな一人ぽっちなんです」と書かずにおれないところに、人間の悲しさがあります。「みんなつらいんです」—どんな人も、辛い思いをして、辛抱しおうて生きなければならんのがこの世であります。だからして、みんなが辛ければね、みんななにかの悲しみをもって—みんな悲しい。けれども、その悲しさもその辛さも、知っておられる仏にで会えば、そのまま、悲しみも辛さも、明るい世界の中におりますという言葉でありましょう。なにかしら、この便りをもらったときに胸にこたえるものがありました。あの子もこうなったかと思いましたらね。みんな業縁の中にあって、そしてその業縁をみそなわす仏にで会う。『観経』でいえば、眉間の光をみるときに、私どものゆくべき世界がそこに表われておると、こう頂いていいんじゃないかと思います。

往生浄土の道　地獄の話をしましたので、だいぶん話が長くなりました。往生浄土の道と、『歎異抄』では「往生極楽の道をといきかんがためなり」とあります。『観経』におきましても「この世は地獄・餓鬼・畜生にみちておるからして、こういう地獄や餓鬼や畜生のない世界、悪人のおらない世界、業の浄められたそのお浄土、そこへ生れたいと願います」と、こういって願われた。

ところが、『歎異抄』はこの頃大変はやっておりますけれども、中にはいろんな自由な見方をせられまして、往生浄土というようなことはもう問題でないようにいわれておる書物もあります。ところが『歎異抄』或は親鸞聖人の教えから往生浄土の道というものをとってしもうては、親鸞聖人の教えというものは間違ってまいります、違ってきます。

それで、まず「弥陀の誓願不思議にたすけられまいらせて、往生をばとぐるなり」、往生という言葉であります。往生という言葉は、これは「ゆく」という字と「うまれる」という字が書いてある。どこへゆくのか―どこへゆこうとしておるのか、どこに生れようとしておるのかと、こういう言葉であります。どこへゆこうとしておるのか。そうしますと、往くという言葉だけでもうしましたら、今日でも、人間というものがこんなふうになってきて「人類よ、どこへゆこうとしておるのか」、こういう言葉もつかわれますね。つかわれたって誰も「人間がどこへも行くもんか」という人はないでしょう。人類はいったい、どこへゆこうとしておるのか、と。なにも、火星へ行こう、星の世界へ行こうということではありません。こんなふうになってきて——これで何処へゆこうとしておるのか、と。そうすると私どもも、日々《ひび》ゆかさせてもらうといったら、ゆく当《あて》がなければなりませんね。

だからして、よくこれは例にもちいるのでありますが、亡くなった吉川英治さんが『忘れ残りの記』というものを書いたはじめに、自分の一生を思い出したことを書き綴った自叙伝があります。その一番初めに、こう書いております。昔からして、人間の一生を人世の旅といって、旅にたとえられてきたじゃないか。旅という言葉をつかったら、その旅には必ず行くあてがなければならん。だからして、もし人が東京で汽車に乗って——まあ新幹線のできない頃の書物だからして、夜汽車に乗って、名古屋を過ぎて夜が明けかけた時分に、いったい自分はどこの駅で降りたらいいのか、どこへ行こうとしているのかと人に尋ねたら、人はその人をなんと言うだろう。気が違ったんじゃないか、ぼけておるんじゃないか、こう言われるだろう。そしたら、行くあてもない人世の列車に乗って、どこへ行くのかわからんというんじゃ旅にならんじゃないか。旅ならば、行くあてがなければならん。旅に行くあてがなければ流浪の旅、仏教の言葉でいえば流転の人世であります。あちらへ行きこちらへ行き、あてもなしに行く。だからして、ここへといって当がなければならん。どっかの当がね。

ところがその往生「往き―生れる」という言葉さえも、だんだんその言葉が死んでまいりますると――「往き―生れる」という言葉だから、これは困ってしまったということにはならん筈なんであります。往くさきが開けてきたということなんでしょう。目あてができたということなんだから、めでたい言葉というか、明るい言葉なのである。ところがそれが世間語にまで、だんだん人間が言葉を汚すというか汚してきますと、往生してといったら、困ってしまった―ゆきづまったことになる。ゆきづまったら、往くあてがないのであります。

ところが、往生をとげさせていただく。往生させていただく。人間の一生の―往くさきが開けてきたということなんであります。人間の往くさきがこう開けてきた、どこを目あてにして往くのか、浄土を目あてにして往かさせていただく。

さあ、こんどは浄土といいまするとね、また地獄と同じように、そんなお浄土なんてあるものか、と。地獄があるないを調べてから地獄がでてきたんじゃなかったのでありますね。この世の姿をみておるというと、人間でありながら、人間の姿にならないで鬼のような姿になったり、餓鬼のような姿になったり、さまざまな姿を現わしている。だからして、地の底にあるとこういったって、掘っていってということじゃありませんね。足の下に地獄はある。私どもの足の下、足の下ということは、もうひとついえば私どもの業がつくりだしていく世界であります。業がつくりだしていく世界。

お浄土の方角　ところが浄土は、これは私どもがつくりだしていく世界じゃなしに、そこを目あてにして往かさせてもらう世界でありまするからして、お浄土は仏によって表わされておる。間違わないように―ね。世間では、地獄も極楽もみんな人間がつくりだす世界とかたづけてしまいます。けれども違います。地獄のほうはね、人間がつくって人間が堕ちこんでいく世界である。だからして、つくらなければ無いんだとこういわれますからね。つくらなければ―無いんであります。けれども問題はね、「つくらなければ無いんだ」ということではかたづきません。「つくっておるかつくっておらないか」ということであります。

つくらなければ無いんだという人は、自分の業をみない人、悲しみのない人。ところが、自分のしておることをみますればね、子となっては親を苦しめ、ときによれば、親となっても子を苦しめて生きていかなければならない自分の業というものを見たときにね、人間がつくるんだからといって、無いんだとは言えない。人間がつくって、私がつくって私が堕ちる世界であればこそ、「地獄は一定すみかぞかし」であります。ぽかんとある世界なら、地獄は一定すみかじゃありません。ひょっとしたら助かるということがあります。私がつくって私が堕ちていく世界なればこそ、「地獄は一定すみかぞかし」であります。

ところがお浄土はね、私がつくりだす世界でなしに、「地獄は一定すみか」の身に、思わずにおれない世界であります。「この世は地獄・餓鬼・畜生に満ちております、どうかこのような世界」――この世の断念といいますかね、この世の悲しみというものがお浄土を思わずにおれない。そしてそれは、妙な理屈をいうよりも、どんな人でも、若いお母さんが〝お浄土なんかあるものか〟といっておりましても、子供が死にましたらね、〝いいところへまいらせてもらうんだよ〟と、こうおもわず言わずにおれないものが人間の心じゃありませんか。歳よってきて――そして、あの人も往きこの人も往き、先だって往かれる姿を見てね、私もやがてといって期せられる世界がお浄土の世界であります。有るか無いかじゃありません。ひと足おさきにといって先だって往かれればね、やがて私もそこへ往かさせてもらうといって――期《ご》せられる世界であります。

ところが、これは或る所へまいりましたら、こういうふうに質問をうけたことがあります。若いといっても四十代のご婦人でありました。「私は天邪鬼《あまのじゃく》というか、人の言うことが素直に聞けないわるい性質であります。私の友達に、お経に説いてあるような金・銀・瑠璃のお浄土があると、固く信じておられる人があります。そのお話を聞いておるというと、そんな絵に画《か》いたようなというか、金・銀・瑠璃でできておるお浄土はあるものかと思われて、あるんだという人にも一緒になっていけません」。ところが、もう一人の、やはり同じようにお医者さんの奥様。その人に会いますと「そんな、死んでからいくお浄土なんてあるもんか」と、こう言われる。そういわれるというと、それじゃ、そんなものあるもんかでかたづくかというと、「そんなことはない。何かあるんだという気がしまして、その人とも一緒にいけません」こう言われて質問をされる。ここへ来られる先生方に尋ねますけれども、もっとよく聞いたらわかるというようなことで、皆はっきり教えてくださいませんと言われたことがあります。

それで何を言ったか、その時いうたことは忘れました。けれども、三十分か四十分話しましたらね、その人が「今日はじめて、お浄土の方角ができました」と。お浄土が有るか無いかがわかったとは言われませんでした。お浄土ということを思わせてもらう方角ができました。私の思いかたの方角、仏法を聞く方角も間違うております。地獄だとかお浄土ということを説かれたら、すぐ死んでから有るのか無いのかと先の方を見こんでおりました。そうじゃなしに、この世の姿を見ればそこに地獄の恐ろしさを思わずにおれない。この世の悲しみを思い、その辛さを思えば、帰らせていただくところがなければ人間の一生に往くあてがでてこない。こう言われたのでないけれど、ともかく方角がたちましたと言われた。お浄土が有るとか無いとかがわかるということじゃなしに、お浄土が――方角がつく。

人生の帰依所とこの世　これは『観経』のもう少し先へ進みますと、「西の方を想え」というところで、お浄土の方角を知るんだと、こう教えられております。それはまた話しができるかもしれません。そしてそのことについて――これは別の時に、その人にこういう話をしたのであります。

お浄土なんていうとね、すぐそんなもんあるものかという。地獄でもね、そんなことは昔の人の言うたことだといいますけれども、高見順という人がわしのような者が地獄へゆかなんだら誰がゆくのか、と。こういわれるとその言葉を読んで、文章の読める人ならこたえてくるものが、響くものがある筈でございます。お浄土という言葉でもね、仏教の言葉として特殊化してしまいますと〝そんな処あるかと〟こういうような理屈をいいますけれども、ときによったら書物の名前にでも浄土という言葉がつかわれます。『美の浄土』あるいは『文芸の彼岸』という書物があります。彼岸というのもお浄土というも同じことです。文芸の彼岸とか美の浄土とか、こういう言葉がある。そうすると、どんな道でも浄土がなかったら、その道が成り立たんということであります。お茶をせられる人には茶の浄土があり、華道をおこなわれる人には華道の浄土がある。何故かといったら——お浄土といったら仏の世界だから、「仏の世界」といってもいいんであります。或は「本願の世界」といってもいいんであります。けれども、それを「土」という字でね、浄「土」という字で表わさなければならぬというところに——「茶道の世界」だとか或は「華道の世界」、これだけでは表わされんものが一つあるのであります。何故かというと、こういいましたら、茶の世界の中だって茶の精神に適《かな》わんものがいろいろでてきますね。お茶の会があると。茶のほんとうの心からもうしますと、なにもいい着物を着ていかんならんということは決してないはずであります。けれどもまあ、若い奥さんやお嬢さん達が、この前はこれを着ていったから今度はこれを着てゆけないというような、着物から心配せんならんようなところは、茶の浄土ではありませんね。けれども、茶の道が行なわれている以上、ほんとの茶の世界というか茶の精神というものをめざさなければ、茶道というものは成り立たんじゃないですか。だからして、そういうものを表わそうとしますと——まあ、そういう書物が有るか無いかそれは私知りません、『文芸の彼岸』『美の浄土』というような書物はありますけれどもね。それではすぐさま、それがその精神を全くよく表わしておるかといったらね、どこ迄もそれは目指してゆかれるけれども、これでもう茶のほんとの精神は充分表われておると、こんなことは言えませんね。そうじゃありませんか。

そうするとそれを今、私達の人生というもので表わしたらね、この世というのは、私の一生がそこを目指してそこに帰らせていただいておちつく世界。そこを帰依所として、そこへ帰らせて頂く世界がなかったら、この世はない。だからして、お浄土をめざして、私どもが一日一日を生かさせていただく。

ところが今日の人の考えではね、目指していくというようなまどろこしいことをいっておれないで――そんなお浄土なんて別に無いんだ、と。お浄土も、この世にあるのだと。お浄土はこの世になっておる。ところが、卒直に皆さんにお尋ねしたらね、この世このままでお浄土でありますか。親と子が、苦しみおうてゆくようなそういう処、これがお浄土だとこう言われて「はいそうです」と、すぐさま肯《うなず》けますか。この世は娑婆だ、みんなが忍びおうてゆかねばならぬのがこの世の姿。ときによれば、親子が争いおうてゆくのがこの世の姿だ、この世は娑婆だと言われたらね「なるほど」と。

そうするとそれを、もし人でいいますればね、「死んでから仏になるんじゃない、生きておる間から仏だ」こういわれてね、「あんた仏さんです」と言われて落着くことが出来ますか。「あんたそのまま仏さんだ」と言われて「はいそうです」といえますか。あなたも凡夫、死ぬる日までは、ほしがる心もねたむ心もやまぬ凡夫ですなあと言われたら、はいはいと肯くことが出来ますな。半日すらも、ほしがる心ひとつが抑えられんような者に、そのまま仏だと言われたって「はい」とは言えませんね。そしたら、ほんとにこの世の姿をみてね、浄土がここにあるんだで―浄土がでてまいりますか。ところがさっき言ったように、稍々もしますと、『歎異抄』をいただかれておりながら、そういうふうな表わし方をせられる人もあるのです。

けれども、親鸞聖人の教えひとつを頂かさせてもらう身には、どこまでも、この世はこの世である。けれども、この世を照らしてくださるものがお浄土の光であります。だからして、お浄土がなかったらこの世が成り立たない。茶の浄土がなかったら、茶の道というもの・茶の世界というものが成り立たないように、お浄土をめざさなかったら、この世がこの世の意義をなしてこないということが、私は親鸞聖人の教えられた道ではないかと思うのであります。それを我々の先祖は、浄土へ参らせていただくんだということを喜びとして生きてきたのでありましょう。

第三講

後生ずきにはなれ・法義ずきにはなるべからず　お浄土の話をするような順序になってまいりました。彼岸というのも、お浄土というのも同じことであります。涅槃の彼岸、一年中あわただしう暮らしておるものが、せめて春秋の二回に、一週間をかぎって、おさとりの彼岸のことを思わせてもろうて―日暮らしをさせてもらう、ということから彼岸ということがおこったのであります。さとりの彼の岸でありますからして、私どもはお浄土のことを思うて――、毎日々々地獄のようなことを思ったり、餓鬼のような日暮らしをしている者が、せめて今日一日はお浄土のことを思わせてもらう。昔から、彼岸の中日は地獄の釜も休みだ、こういわれております。地獄の釜も休みだといって―地獄の火をたいておっては、地獄の釜も休みになりません。彼岸の中日は、年中地獄の火をたいておるような私、せめて一日をかぎりとしてでも、今日一日でも地獄の火を燃やさんようにと、こうしてお寺へ詣ってこられてお浄土のことを思わせてもらう。

先日、初代講師慧空師の語録を久しぶりで手にしました。その中に「後生ずきにはなれ、法義ずきにはなるべからず」という一句にで会ったのであります。後生ずきにはなれ、法義ずきにはなるべからず。「後生ずきにはなれ」ということは、今いった後生でありますから、お浄土を想うて日暮らしをさせてもらう。この世の日暮らしにつけて、彼の土を想わせてもろうて日暮らしをさせてもらう。この世のことはどうでもいい、という「後生ずき」ではございませんよ。どこで日暮らしをさせてもらうかといえば、此の土の日暮らしをさせてもらうのであります。往生の旅は、死んでからあるんじゃありません。今日をはじめとして、これから一日々々が、浄土へ浄土へと往かさせてもらう旅をつづける。死ぬるときは—お浄土へ着いた時であります。死んで後のことを——、のぞきこむのが後生ずきじゃありません。

だからして、もし「後生ずきにはなれ、法義ずきにはなるべからず」という言葉を、今日の言葉に直して—註釈をつけ加えましたらね、後生ずきになれということは、自分に与えられた一日々々の日暮らしに、自分の道を尋ねてゆくことであります。これで往生の旅路を辿らせてもろうておるのかといって、自分を尋ねてゆくことであります。法義ずきになるべからずというのは、そのお浄土を忘れて、これが信心だ—これが安心だといってね、法義の沙汰になったら争いのもとになる。

人間の求める浄土・阿弥陀の浄土　こうしておきまして、昨日は『歎異抄』と『観経』のお話をはじめたのであります。その『観経』につきましては――『観経』というお経は、人間の業縁―宿業ということを、韋提希夫人という一人《ひとり》の人を代表として、その物語りからしてお経が説かれる。親子といえども、宿業―業縁のきざすとこに、親子も相争わなければ生きていけない人間の姿というもの、この世の切れ目といいますか、この世の断絶というものに――仕合わせがよくて、なんにもいうことがないという人は知りませんけれどもね。なにかかにかに悩み、なにかかにかに苦しまずには生きておれない者にとって、どうしてみようもないところに思われるものが、この世を超えたあの世であります。

けれども――お浄土を思うんでありますけれども、韋提希夫人が牢屋の中でお浄土を思って「私は昔なんの罪あって、この悪い子供をもったんでしょう」とこういう。子供も思う通りにならん時には、この子さえ無かったら―この子を何故《なぜ》もったんだろうと愚痴がこぼれます。（都合のいい時には、子供がありさえすればとこういっておってもね）。この世は地獄や餓鬼や畜生に満ちておって―悪人が多い、こういう悪人のおらない処として浄土を思う。人間の求める浄土は——愛憎会苦というか、憎みおうておるものが一緒に暮しておるというと、「こんな—悪人のおらない処」といって、お浄土は求められるんであります。人間の求める浄土はね。そのかわり、愛別離苦に会うというと、この世で別れてもお浄土でまた遇《あ》えるようにといって、こんどは「遇うお浄土」を求める。憎みおうている者が一緒に暮らしていると、こんな人達のおらない処というてお浄土を求める。可愛い子供に死なれるというと、お浄土なんかあるもんかというておる若い人でもね、またお浄土で遇わさせてもらう、と。

ところが、人間の求める浄土を韋提希夫人が請うたけれども、そのときに釈迦如来は、その韋提希夫人がこぼす愚痴を—お浄土を求めておる心をじっと聞いて、立っておられた。韋提希夫人は、ただこの世は厭《いや》になって—ただお浄土をといって求めたから、それでは韋提希夫人が助けられるお浄土はどういうお浄土かということは、韋提希夫人にもわからぬのであります。ぼんやりとお浄土を求めておるから、そのお浄土はどういうお浄土かということはわからない。それで釈迦如来が、じっとそれを聞いて立っておられる眉間の上に、いろいろのお浄土の姿を現わしてくださる。そのなかからして、

私はほかの浄土へ参りたいと思うのではありません。私は弥陀如来のお浄土へ(諸仏

の土復清浄にして皆光明有りと雖も、我今極楽世界の阿弥陀仏の所に生れんと楽う）

と弥陀如来の浄土とはいってくるのであります。

まあそれを少しもうしますれば、昨日《きのう》もお浄土の話をもうしたのでありますが、いろいろのお浄土がありましょう。いろいろの浄土があって、華には華の浄土があり、茶には茶の浄土があっても、そういうお浄土へ参りたいとは思えない。今まではただ、こんな悪人のおらないところといって求めた浄土が、阿弥陀如来さまの姿を拝んでおるというと、悪人だの善人だのという区別のなく、悪人も善人も共にそこに帰らせてもらうお浄土へ生れたいと、それが弥陀の浄土であります。まあ、お経にはそこまでは書いてないのだけれど――ただ、釈尊の「眉間の光を放ちたもう」とあります。

眉間の光と言葉の光　ところが、韋提希夫人が「私は、ほかの浄土じゃない、どうかその弥陀の浄土に生れる道を説いてください」と、こういって願うというと、釈迦如来さまがにっこり笑われたとお経にある。その時にっこり笑われた。そうすると、釈迦如来さまがにっこり笑われた口の中から光が出て、その光が別の牢屋に閉じられておる頻婆娑羅王の頂を照らして、頻婆娑羅王が阿那含のさとりを開いたとこう書いてある。

そうすると『観経』には、二つの光——眉間の光と、口から出る光とこう書いてある。眉間の光のことは昨日もうしました。眉間の光といったって、電気がともったように光ったというのではありません。人間の顔—あるいは眉間というところで表わされるものは、人の心であります。愚痴をこぼす人をみそなわして、そしてじっとその愚痴を聞かれる大悲の心が眉間に現われた。それで昔から、仏教の中の言葉の約束として、眉間の光は大乗の人を照らすと。大乗の人というのは、仏さまの心に従うて日暮らしをする人が、大乗の人であります。で、大乗精神というでしょう。自分だけよければよいというのじゃなしに、みんなの人が助かるようにというのが大乗の心であります。それが仏さまの心であります。だからして眉間の光は——眉間には仏の大悲の心が現われるから、その大悲の心をいただいて、みんなの人がいっしょに救われる。

ところが、口からの光は小乗の人を照らすと。小乗の人というのは、これはまあ大乗がおこってからのことであります。小乗の人というのは、心よりも、いわれた言葉ひとつを聞いていく人なんであります。だからして、小乗のさとりのことを声聞といいます。羅漢ともいいますけれどもね。声聞というのは釈迦如来の教えをきく、そうすると、声でありますからして口でありましょう。言葉によって——口から出る光。言葉の光は、その言葉をほんとにうけてゆく人を照らす。

それでいま『観経』のうえでも、眉間の光を見た人は、仏の心をいただく韋提希夫人。ところが口から出た光は、韋提希夫人を照らしたとは書いてない。反対に、夫の、別の牢屋に入れられておる頻婆娑羅王の頂を照らす、と。で頻婆娑羅王が、阿那含という声聞の前の位―その位を得られた。

ところが、何故こんなことがいわれているのか。目の前に座っておる韋提希夫人を照らさんで、別の牢屋にいる頻婆娑羅王を照らすなんて、頭で考えたってわかりませんね。それはこういうことを表わす。人間というものはね―この場合は夫婦でありますお互いに、心配しおうて暮らしておるものが夫婦であります。喧嘩もしましょうけれどもね―喧嘩しておっても、案じおうておるものが夫婦であります。そうしたらね、夫と妻が別々の牢屋に入れられたら、心が乱れる中からも韋提希夫人からいえば、昨日《きのう》までは自分が食物を運んでいったけれども、食物を運ぶ人もなくなって―夫はどうしておられようか、こういって夫の身を案ずるわけである。頻婆娑羅王からいえばね、昨日まではかくれて食物を運んでくれたけれども、今日は来なくなった、あれも―到々それがわかって、別の牢屋に入れられたんだとこう思ったらね、自分は男だからなんとか出来るけれども、どんなに思い乱れておるだろう。女の身で牢屋に入れられたら、どんなに悩んでいるだろうと、お互いに案じ—案じられておるものが夫婦の間柄であります。

そうすると、妻（韋提希）は夫（頻婆娑羅）を心配し、夫は妻を心配してそれが悩みになっておれば——ところが、夫は阿那含のさとりを開いたということが韋提希夫人にわかったら、心配がひとつおさまって——心の悩みがひとつおさまって教えが聞けるんでありま す。心配で胸が一杯になっておったら、教えもなかなか聞けませんね。ところが夫は牢の中にあっても、釈迦如来の教えによってさとりを開かれた—それがわかれば、妻の心がおさまる。頻婆娑羅王のほうからいえば、妻も牢屋に入ったけれども、それによってお浄土を願う心がおこってきた、釈迦如来からお浄土の話を聞こうということになったということがわかればね—心がおさまる。それをまあ、即便微笑の光と。

案ずるものが案ぜられる身

これは、なんでもないことのようでありますけれども、私どもの身にとってもうしましたら、お互いが生きておりまする時に—案じおうて日暮らしをしておるのであります。ところが、人間というものは存外、自分が心配しておることばっかし思うて、案じておることばっかし思うて、心配をされておる身だということを思わずにいる。自分も、皆さまに心配をかけている身だということひとつを知らさせてもらったらね、有難うございますといって心静かになる。ところが「こんなに私一人《ひとり》が心配して」といって、自分の心配しておることばっかしを考えておりまして、自分が心配をかけておるということを忘れますとね、心がさわいで落着きませんな。こんなに心配しておるのに―こんなに心配しておるのに、と。これは、もとえかえせば本願ということにもなりますけれどもね。その本願ということを、もっと軽くいい表わしたときには、お互いに心配をかけあわなければ生きておれない人間である。自分が心配をするならば、「子にも孫にも心配をかけて生きておる私でございます」とこういったらね、子にも孫にも有難うございます、とお礼が出てくるんであります。「わしが心配しておるんじゃ―わしが心配しておるんじゃ」これではね、自分の胸も乱れておる。それではちっとも、お礼をいうことにはなりませんな。

どうでしょうな。世の中には気楽な人があって「私は人に心配をかけたことがない」或は「人に迷惑をかけたことがない」といいますけれどもね、人間が生きておるかぎり、どなたかに迷惑をかけ、どなたかに辛棒してもらわねば生きられんようにこの世はできておる。年寄りの人が出てこられれば、若い人が辛棒して家を守ってくれます、誰れかが辛棒してくれなければ、この世は渡れない。

あるところに、子供を亡くした人が——それは浄土真宗の人でありません、真言宗の人でありましたが—ある話に行ったところに出てこられました。そして「子供が死んでから二年になりますけれども、一日も忘れることができません。毎日人にかくれて、墓へご馳走して持って行きます」と。ところが、それを皆《みんな》の人が、「そんなにいつまでも、死んだ子のことを忘れないで心配しておられたら、死んだ子も浮べないからして、もういい加減に諦めなさい」とこう言われる、と。そして、私に「私がこんなに諦めがつかなんだら—死んだ子が浮べませんか」と尋ねられた。そこで私は、「皆さんが言ってくださることは、あなたの身を案じて—心配をして言ってくださる。だからご親切はいただきなさい。けれども、私にお尋ねになるんならね、私は諦めなさいとはよう言わない。諦めなさいといって諦められるくらいなら、誰が今まで忘れずにいますか。諦めよと言われてもなかなか諦めがつかない。たった一人のお母さんが、諦めてしもうて思い出してもくれんということになったら、それこそまあ、死んだ子も浮べない。お母さんだけはいつまでも諦めない——そう思っていても、月日が流れていくと、いつの間にか死んだ子の日も忘れる日もきましょう」と言った。そして、唯一つだけこう言った。「あなたは、死んだ子供のことばかり心配しておられるけれども―あなたは、死んだ子が浮かべるか浮かべんかばっかし心配していなさるけれども、亡くなった子が、あれではお母さんが浮かべんといってあなたのことを心配していなさるかもしれませんよ、それを思わなければいけません」。けれども、もう時間がありませんので―来月又来ますからして、一月《ひとつき》お考えなさい。そしてわからなかったら、もう一遍来月お出でなさいと言って別れました。

そしたら、その次のときに来られました。で「先月もうしましたことがわかりましたか」と言ったらね、わからんと言われるだろうと思っておったら「先月聞きましたことわからせてもらいました」。私はちょっと呆気《あっけ》にとられて「どうしてわかりました」と聞いた。すると、「あの日家に帰りましたら、死んだ子の次の子―次男が夕方勤めから帰ってまいりまして、私の顔をみるなり、お母さん今日は何か変ったよいことがありましたか、とこういった。なにもいいことはなかった、ただ今日は初めて真宗のお寺へ行って―お話を聞いた」。そしたら子供が「それでわかった。今日はいつになくお母さんの顔が晴れやかだ。お母さんの暗い顔が今日は明るい、それでわかった」と息子がいうた途端に「二年の間、この子は一遍も私の顔が暗いとも、もっと晴れやかな顔をしなさいと言うたことはないけれども、二年の間私の暗い顔をみながら、お母さんの顔がもっと明るうなるように

―晴れるようにと、心配してくれておったのであります。それを二年の間ちっとも知りませなんだ」と。

それと同じように、「私のことなんか誰も思うてくれない―心配してくれない」と僻みやすい私どもでありますけれども、生きておりますればだまっておってもね、親が子供のことを心配すれば、子供も親の身を心配しておりますよ。小さい孫も、お婆さんの身を心配しておりますよ。それを願いといってもよろしいな。お父さんとお母さんがあまり仲悪けりゃ、小さい子供が、もっとなんで仲よくなってくれんのかなあと、口に出して言わんでも心配しておるじゃないですか。小さい子供も親のうえを、お爺さんお婆さんのうえを心配してくれておると思うたら、両手合わさずにおれない筈じゃないですか。

此《こ》を去ること遠からず　まあ話が、例までだして長くなりました。で『観経』の中でここまでは、釈迦如来さまが、なんにも―一《ひと》口もおっしゃらずにじっと立っておられた。そして「阿那含の悟りを開いた」と。その時に、釈迦如来さまがはじめて口を開いて韋提希夫人に、

汝今知れりや不《いな》や阿弥陀仏此《ここ》を去ること遠からず

と、こうおっしゃった。「汝、今知れりやいなや、阿弥陀仏此を去ること遠からず」と、この一口《ひと》の言葉から『観経』の説法は始まったのであります。

「汝今知れりやいなや」この言葉がね、仏さまの大悲を表わしておる。お前はなんにもわからんのじゃとこう言われるのでもない。お前はよくわかっておる、とほめられるのでもない。なんにもわからんのじゃと叱られるのでもない。「知れりやいなや」とこう言われるのですからね。お前もわかってくれるだろうなあ―わかっておるだろうなあ。そうすると、はっきり「わかっております」と答えられないけれども、仏さんの方から「わかっておるんだろうなあ」といわれるところに、どこかに、心の奥の方にというか、わからんながらにも、わかっておるものがある。それは、仏は―阿弥陀仏は「此を去ること遠からず」であります。そうするとお浄土も（ここは仏でありますが）、「此を去ること遠からず」と。お浄土も、死んでから後などといってね―遠いところにお浄土があるんじゃない。ここを去ること遠からず――阿弥陀さまは、遠い―遠いところにおられるんでもない「此を去ること遠からず」であります。

まず第一に、遠からずということと、近いということとちょっと違います。遠からずといったら近いことだと、こう考えますけれどもね。言葉というものは、「近い」と表わすときと「遠くない」と表わすときとは違います。そして、遠からずといっても、一里の道でもある時には遠く感じ、ある時には「遠からず」――遠くないと思うんじゃないですか。一里ぐらいそんなに遠いことじゃないとこう思う。一里はいつ計っても一里であります。けれども、まあこの中には遠方から詣っておられる方もあるでしょう。今日は彼岸の中日だからご坊さまへお詣りしてこうと、心勇んで出てこられる時にはね、一里あるか二里あるか知らんけれども遠くない。ところが同じ一里や二里でありましても、「一里二里も、今頃に歩いてご坊さまへ詣れるもんか」といったら、一里や二里は遠くなりますね。けれども、せめてこれくらいの道は歩ませていただいてと―こうして出かければね、一里の道も遠くないということがある。

言葉というものはそういうものでありますね。それが、口から出てくるときには言葉であっても、字に書いてしもうたら、いつ見ても同じことである。ところがお互いが、話しあうということになりましたら、同じ言葉でも、話をする時によって心に響いてくる―心に聞けるものは違うてきますな。「ありがとう」という言葉も、文字にしてしまったら〝ありがとうというのは感謝の言葉で……〟これで片づいてしまいます。けれどもそれが、お互いが言葉の中からでてくる時には、感謝の心にあふれて、ありがとうとさえも言えない程、ときには胸いっぱいに、ありがとうという言葉が出てくることもありますな。ところが、なんでもなしに、ありがとうとこういって、ただご挨拶にいうこともあります。ときによりますと、ありがとうという言葉で「もう要《い》りません」ということまででてくる。「ありがとう—もう結構です」とね。字に書いてしまったら同じことでありますけれども、言葉が生きて働くときにはね、同じ言葉でも、その言葉の中にこもっておる心がでてきます。そのかわり、反対の言葉でも、同じことになりますね。「ありがとう」ということもありますれば「すみませんなあ」と、こういってお礼をいうこともあります。

それで、いま『観経』というお経は、私どもがみるときには字で見ますけれども、それを声に出して読まさせてもらいますと、「汝今知れりやいなや、阿弥陀仏こゝを去ること遠からず」という言葉を韋提希夫人が聞いた時に、目の前に、お浄土の姿—阿弥陀仏の姿が浮かぶような思いをせられたんだろうと、こう思うのであります。

分斉不遠　「阿弥陀仏こゝを去ること遠からず」。で、ここを去ること遠からずという遠くないということについて、善導大師は三つの心を表わしておられます。

第一は「分斉不遠」と。分斉不遠というのは、分斉は距離といいますか——お浄土は西方十万億土の彼方にある。これは同じ浄土でありましても、『大経』に説かれるお浄土、『観経』に説かれるお浄土、『阿弥陀経』に説かれるお浄土、みな説かれかたは、その時の会座会座でちがっております。『大経』では、阿弥陀仏の浄土は「遙か西方十万億の彼方にある」（現に西方に在す、此を去ること十万億刹なり）お浄土。『観経』のお浄土は「こゝを去ること遠からず」というお浄土である。『阿弥陀経』のお浄土は、「十万億の諸仏の国を過ぎて」（十万億の仏土を過ぎて世界有り、名けて極楽という）浄土がある。一つひとつの諸仏の世界を過ぎて、その果てにある浄土が阿弥陀仏の浄土である、『阿弥陀経』はそう説かれてある。『大経』は遠い昔、遠い西方十万億の彼方——。ところが『観経』では「去此不遠」と説かれてあります。

ところが、西方十万億とは、遠い向こうにある浄土でありましょう。その遠い、十万億土ともいわれるような遠い彼方のお浄土が、「こゝを去ること遠からず」と『観経』には表わされてあります。そうすると「近い」ということをいったらね、お浄土をだんだん近くしてしもうて「こゝにお浄土があるんだ」といったら、一番近いお浄土のように考えますね。死して帰らさせてもらうお浄土だとか、十万億の向こうの方にとこういわれるように、「そんな遠い所のお浄土でない—お浄土もこの世にあるんだ」と、こういわれたら近いようであります。仏にしたってそうですね。「そんな、西方十万億土の向こうに仏があるのじゃなしに、一人ひとりの身に仏がある」と、こういったらね―一番近いようであります。

ところが、一番近いようには見えますけれどもね、韋提希夫人のように、子にさえ殺されようとする――親子が憎みあわずに生きられないような処において〝これがお浄土だ〟と言われて、すぐ「はい」といって返事ができますか。理屈だけというか頭の中でいう人は、お浄土をここへもってきて〝目を開いてみればここがお浄土だ〟とこう言われますけれどもね。或は、人間がだんだんお浄土をこしらえていくんだと、こういうように言われますけれども、さて私どものような、憎んだり欲しがったりしておるような日暮しの中に、これが―このままお浄土だといわれたら、はいとすぐ返事ができますか。そんなこと言われたら、お浄土はかえって私らには遠いところになってしまう。平和だ平和だといって、一日の日も戦いのない日がないこの世というものがね、これがお浄土だといわれたらお浄土はかえって遠くなります。

もうすこし『観経』の先の方へまいりますと、釈迦如来が韋提希夫人に

汝は是れ凡夫なり心想羸劣《るいれつ》にして、

お前は心のおとろえ果てた――愚かな凡夫だ、こういわれる。愚かな凡夫だとこういわれたら「はい」といって頷くことができる。けれども「あなたは仏さんのような人だ」といわれて、はいといって返事ができますか。もっと軽くいったら、あなたは偉い人だこういってほめられたら、人間の名利の心はそれにちょっと動くかもしれない。けれどもそのなかに、ほんとに落着くことが できますか。ほめられる言葉のなかに人間は、ほんとに落着くことができますか。私はそうじゃありませんな。偉い人だといわれたらね、煩悩といいますか人間の名利の心はいい気になりましても、ほんとに落着く世界は、偉い人の世界じゃありません。あなたも同じことか、やっぱり欲の心もやまんし、名利の心もやまん愚かな凡夫だなあと、誰れかが愚かな凡夫だなあと言ってくださったら「有難うございます」とお礼がいいたいですね。馬鹿者だと言われたらね、腹が立つかも知れません。けれどもどんな偉い人だって、みんな人間の生地《きじ》といいますか心まで入ったら、みんな愚かな凡夫じゃないですか。だからして、「この世はどこまでも宿業のこの世であって、それぞれの宿業はわが身がひきうけて、その中をゆかねばならぬ娑婆だ」とこういわれますればね、そのまま落着きます。けれども「ここがお浄土だ」「仏さんなんて別にあるのじゃない、あなたのなかにあるのだ」、こういわれたんじゃね、仏さんもお浄土も遠いところになってしまう。

ところが、彼の世といい、まあ十万億土という数はともかくとして、遙か彼方に思われる浄土が何故近いか。この世の悩みにつけ苦しみにつけ、「後生ずきにはなれ」――いつでも浄土が思われるという時にはね、お浄土の光のなかに一日々々をいかさせてもらう。太陽は向こうにあっても、太陽の光が包むものはこの世を包んでおる。太陽の光の中――けれどもここに光があるんであります。向こうからきた光のなかに一日々々を暮らさせてもらう。まあこれで、「分斉不遠」ということがわかってもらったことにしておきます。

観見不遠

それからその次に、善導大師は「観見不遠」ということをいわれる。観見不遠というのは――観の字も「みる」という字、見の方も「みる」という字であります。どちらもみるという字でありますが、別々にしますと少し心が違うてくる。観の字は―私どもが「みる」のであります。『観無量寿経』――私どもが、お浄土を・仏を、どのように思うたらよろしいか―どのようにしてお浄土がみえますか、こちらがみるんであります。見の字は―「みえる」という。お浄土をこのように思えば、お浄土が向こうから見える。見えた見えたという時にはね、同《おんな》じ見るんですけれども、向こうのものがこちらへ来たような気がする。一生懸命になってこちらが見よう見ようとするとね――年寄った眼で見よう見ようとするというと、なかなか見えませんね。ところが、見よう見ようとしていて見えないものが、向こうから見えたという時にはね、向こうから来ることになります。

聴聞でも同じことでありますね。聴―聞といったら、どちらも「きく」という字でありますね。けれども聴は、「どうかきかせてほしい」こちらからきこうきこう、と。ところが、聞えた聞えたといったらね、聞えなかったものが、向こうからいま耳に聞えてくる。けれども、聴こうという心なしに聞えるのじゃなしに、どうかほんとに聴かさせていただきたいと求める心によって、聞えたものは―聴こうと思うたものが聞えた。思わず知らず「あこんなことでありましたか」と、向こうから聞えてくる。

それが『大経』の方は、だからして聞くという字であらわす。聴こうという心によって本願の声が聞えてくると。『観経』の方は お浄土を――『観経』は十六観、お浄土は、「このようにしてお浄土を想えよ」ということを説かれる。このようにお浄土を見ていくんだ、ということを「想観」と説かれております。見るということを「おもう」という字を書いて想観と。このようにお浄土を想えば、はからざるにお浄土が見える。そうすると「観見不遠」というのは、お浄土を想う心をへだてずして――こちらが、どうかお浄土を想わせていただきたい―仏を想わせていただきたいという心に、仏の方からして現れてくださる。「後生ずき」になってね――私どもの思うことは、お浄土のほんとの相《すがた》ではないけれども、子供に別れては、なにか知らんけれども―わからんけれども、子供に遇える世界といってお浄土を想えば、やがて時きたれば、別れ別れておるものがお浄土へ到って、親子もほんとの親子にならさせてもらい、夫婦もほんとの夫婦にならさせてもらうんだというそのお浄土が見えてくるんであります。それを観見不遠。少し言いたりないけれども――まあそれだけにしておきます。

往生不遠　もう一つは「往生不遠」であります。善導大師は三つの義を立てて――、浄土へ生れたいと願えば、そのとき往生は、時をへだてず日をへだてずしてその時往生を得る。だからして、往生不遠だこういう。そうしますると、浄土へ生れるということもね、浄土を想うて―その浄土へ生れたいという心がおこるとき、その時私どもは往生を得させてもらうのである。死んでから、往生を得させてもらうのではありません。それがどうかしまするとと、往生も死んでから後にあると間違いましてね。死ぬ日まで、娑婆は娑婆であります。だからして、お浄土のある場所は――死して浄土に生まれさせてもらう、死して浄土に着くのであります。けれども、浄土へ往くということ、浄土へ生れてゆくということは、一日一日の日暮らしの中に往生を得させてもらう。だからして「願成就のご文」でみましても、

彼の国に生れんと願ずれば、即ち（そのとき）往生を得て不退転に住せん。

「そのとき往生を得て」と。ところが、それが「法義ずき」になるというと、いやどうだ―こうだという難しいことになるのであります。

ある方が、これは私とあまり年輩の違わない人が、私がなにの話をしておったときか、こう言われた。今日はじめて「願生彼国、即得往生、住不退転」ということがわかりました。これまでお経を読んでおっても、いつもこれは反対でないかなあという気がしてならなかった。何故かといったら、浄土に生まれたいと思って―浄土を願う人は、此の世は、正定聚の位―不退転の位でありましょう。不退転のほうが先にあって、金剛の信心をいただけば正定聚の位に住せん――。この世は、正定聚の位で、往生は死んで後と。ところが、往生のほうが即得往生――往生を今得させていただいたということが不退転に住すると。正定聚の位に住する、と。それがどうしても今までは、この世では不退転に住して、それから死んでから往生を得させてもらうんだと、こうありそうなもんだと思うておっ

たと。ところがそれはね、往生ということを結果にとってしまう、往生の果ということに——。

道を行く時には——ここは城端だからして、高岡へ行くとか富山に行くとか金沢へ行くという時にね、行こうと思って家をでた時からして、金沢への道に一《ひと》足ひと足歩みを運んでゆくんでしょう。だからして、行くということ—往生というその道は、死ぬる日まで浄土へ浄土へと往かさせてもらう。金沢へ行ってしもうたらもう金沢へ行くということはないでしょう。金沢へ着いてしもうたんだから、もう行くということはない。

だからして往生は、浄土へ往かさせていただくということは、今日からして浄土へ往かさせてもらう。浄土を思わさせてもろうて—「後生ずき」になって、この世でこうしておってもやがて浄土へ参らせていただくのだという、一日一日の歩みを運ばせてもらう。それを「阿弥陀仏ここを去ること遠からず」、お浄土はここを去ること遠からず。だからしてこの世は娑婆でありながら、娑婆の世界が浄土の光の中にある。昨日いったように、この世は、何処までいっても独りぼっちで、悲しいことがあり苦しいことがあるけれども、その悲しみの底にも苦しみの底にも、明るい—明るい光がさして、光の中で苦しまさせていただく。

そうして、もう一つだけ言って話を終らせていただきます。

広く衆譬を説いて

「阿弥陀仏此を去ること遠からず」と説かれた釈迦如来はついで、

我今汝が為に広く衆譬《しゅうひ》を説いて、

広く譬を説いてお浄土のことを説くと、こういわれた。そうしますと、『観経』に説かれましたお浄土は、これは譬のお浄土「広説衆譬」のお浄土でありますます。『観経』に、お浄土の相《すがた》が七観まで説かれてあります。仏の想いようがまた十三観まで説かれる。ところがそのお浄土ということは、「今から広く譬を説いて」と書いてあるけれども、『観経』を読んでみても、浄土の想いかたというものが説かれてあるだけで、これは譬だというものがひとつも説かれていません。そこで、親鸞聖人はこの「広説衆譬」という字に「広説衆譬というのは定善十三観なり」とこういっておられる。『観経』に説かれてあるお浄土の相・仏の姿が十三通りに説かれてあるんだからして――そうすると『観経』に説かれてあるお浄土の相も仏さんの姿も、これは譬えだと。

さあ譬えだというと、〃はあ―譬にすぎんのか〃といったら、譬は軽くなるわけでありますます。ところが、人間の日暮らしというものは、譬でなければ具体的に表わせないということがあります。また、あなた方がなんとも思わず使っておる言葉も、ときによったらみんな譬になっておる。あの人は胸の広い人だといったってね—譬でしょう。胸の広い人だといったから、胸の幅《はば》を測りにゆく人はないでしょう。それで、言葉はよく通用しているじゃないですか。お尻が重いといったって、みんな譬でしょう。譬によって、かえって具体的な姿が表わされる。心の大きいといえば胸の広い人だとか、動きにくい人がお尻が重いんだとか、こんな例をだしたらいくらでもでてきますね。そうすると、みんな譬だといってもよい。

それで親鸞聖人は、お浄土のいろいろのお荘厳が説かれてあっても、それはみな譬によせて説かれた。すると譬によせてというと、軽いんじゃない、それより表わしようがない。ほんとに心に思えるようには、それより表わしようがないのであります。

二河の譬喩　だからして、善導大師の『観経』の註釈書の中に、信心の譬として「二河の譬」というものがある。二河白道というわけですね。火の河・水の河。火の河や水の河といったって、火が燃えているわけでもない。けれども、皆さん方が腹をたてた時には、腹が煮えくりかえるようなとか、やはり譬で表わしますね。「腹がたった」だけじゃ具体的にでてきません。火のように燃えあがる心、水のようにどこまでもどこまでも欲《ほ》しがる心。

そうすると、瞋恚の心・愛慾の心というものを具体的に表わそうとすれば、火の河と表わし、水の河と表わす。それを、そんな火の河なんかどこにも無いじゃないか、水の河といったってどこにも無いじゃないか、そんなの理屈にはなりませんわね。どこにも無いかもしらんけれども、今日も胸の中に火が燃えたんじゃないですか、今日も愛慾の波が胸の中にたってきたんじゃないですか。そして私どもの一日いち日は、その火の河と水の河の中を、念仏ひとつに度《わた》らせていただくのがそれが日暮らしというものであります。

そこで、二河譬のことはもっと後にでてくるはずですが、ここで二河譬がでましたからついでに一口《ひと》もうします。ところがその二河譬が、長い間語り伝えられ──いわれ伝えられている間に、ちょうど往生のように、すっかり間違うてしまった。私のほうでは、人が亡くなりますと──今ではそうでもありませんけれども、昔はよく二河譬の掛図をかけた。自分の家にないと、親戚から隣りの家からでも借りてきてまでして二河譬の掛図をかけた。もうそういうところにちゃんと間違いがありますね。死んでから掛けたってなにになります。二河譬というのは、信心の譬であって私どもが生きてゆく譬であります。死ぬる日までゆかさせてもらう。死んでから絵をかけてみるんじゃなしに〝ああ、こういう日暮らしをしておるんじゃなあ〟というて、毎日の日暮らしの中で見てゆく。ところが、それが死んだ時に掛かるものだということになってしもうてね—死んだ時に掛ける。そして画かれた絵も、まあ十幅ありまするというと八幅か九幅まで、ときによると、正しく画かれたものは滅多に で会うたことが ないほどであります。どこが間違うておるかというと、その白い道の上を行く人がね—死んだ人の姿が画《か》いてある。経帷子《かたびら》が着せてあったり、額のうえに三角の紙がはってあったり—ね。そしたら、瞋恚の心や愛慾の心が——死んでから腹をたてるんですか、死んでから、いとしんだり・欲しがったりするんですか。

二河の「闊《ひろ》さ（はば）百歩」と譬で表わされる。百歩は百年の寿命です。人間の一生は、火の河水の河をゆくよりほかにない。ただ、その火にかくれながらも、水にぬれながらも、一《ひと》筋の念仏の道をゆかさせてもらうのだと譬は教えておられるのです。それを画く人も、火の河も水の河も死んでから——だからして今日の日暮らし、今日の胸の中にはなりませんな。みんな、往生を向こうへやってしもうた。絵を画く人がそういう間違いをしてきたということは、知らない間に、仏法が、浄土のおみのりが、説いたり聞いたりする人のうえに、誤まって表わされてきたからしてそういうことになったのであります。

だからして私どもは、死ぬる日まで、火にも焼けながら水にも濡れながら、一《ひと》足ひと足を念仏に度《わた》させていただく。しっかりと度させてもらうんじゃなしにね。もうとても念仏では度れんような中を、しらないのに念仏が度してくださる。

午前中の話はここで終らさせていただきます。

第四講

三福の行　「我今汝が為に広く衆譬《しゅうひ》を説いて、……彼の国に生れようと思う者に浄土の往生を得しめん」と。いま午前中に「広説衆譬」のところまでは、あらまし話をしたのでありました。もっと早く話を進めたいと思うておりましても、話もひまどっております。ひまどっておりながらさて話をやめますと、もう少しあのところも、丁寧に言ったらよかったにというような気もするのであります。

ところが、その浄土へどうして生れるかということを説こうとして、そして三福ということを説かれた。それは、

一つには父母に孝養し師長に奉事し、慈心にして殺さず十善業を修す。

「父母に孝養し」——父母を大事にし、「師長に奉事し」——先生を、目うえの人を敬まって「慈心にして殺さず」。情け心をもって世の中にまじわり、いたずらにものの命をとらない、命を大事にする。これを世福という。一つには、世間の人倫・道徳——人と生れ

てきたならば、親を大事にし目うえを敬い、情け心をもっていたずらにものの命をあやめない。そして「十善業を修す」――うそを言ったり、二枚舌をつかったり……、そういう十善業というようなものを修める。

それからして、

二つには三帰を受持し、衆戒を具足し威儀を犯さず。

これは戒福といって、まあわけていえば小乗の善といわれます。

三つには菩提心を発し、因果を深信し大乗を読誦し行者を勧進す。

菩提心をおこし、大乗のお経を読んで、そしてその大乗の教えをみんなの人に勧めて―共に仏に成らさせてもらう。これを行福という。世・戒・行のこの三福、これが浄土に生まれるたねである。(此の如きの三事を名けて浄業と為す)。

で、いままた、

汝今知れりや不《いな》や(此の三種の業は過去・未来・現在三世の諸仏の浄業の正因なり)。

また「わかっておるだろうな」と。三世の一切の諸仏は、この世福・戒福・行福というものでこの世の業を浄められた人である。お浄土はどうしてたったかといったら、世の中の宿業を、この三福の業をもって浄められておる。

こうもうしますと―皆さんの中には、お念仏して浄土に生れるということを聞いておるけれども、親を大事にしたり目うえを敬ったり、情け心というような世間の道徳の行やら、「こういうことをしてはならない」ということはせず、「これだけはしなければならない」という身の嗜《たしなみ》は行っていく、或は世の中のことを思い、一切の人びとと共に一切の人が救われるようにしていくと。そういうことは我々に出来ない、そういうのはお浄土のたねじゃないと、すぐこう言います。ところがお経のうえには明らかに、これを「三世諸仏の浄業の正因」――この三種の業を修して浄土に生れるんだと、こう説いてあります。

散善を説かなければ念仏は顕われない　で、今説かれたここの部分を、善導大師は「散善顕行縁」という。これはまだ、『観経』の本論ではありません。お経を読みますときには、三つ（序分・正宗分・流通分）にわかちまして、はじめはどのお経でも序分といって、それがどこで説かれたか―誰に説かれたか、そして説かれることはどういうことかということをごくかいつまんで――『教行信証』にも「総序」がありまするようにお経の序分でありま す。ここ（散善顕行縁）は『観経』の中に説かれることを――、散善というのは、その本論（正宗分）のほうでいいますと、第十四観目から、十四・十五・十六とこの三つに説かれておるのであります。詳しくわけると「九品段」といいまして、浄土に往生する姿の人を九《ここの》品《いろ》にわかって説かれてある。それをいま序分の中へひきあげて、「散善の行を顕わす縁」だとこう釈してあります。

ところが親鸞聖人は、善導大師がこの部分は「散善の行を顕わす縁」だと名前をつけられたのを、これは「散善を説いて念仏を顕わす縁」だと。行ということは散善の行じゃなしに、散善を説かなければ念仏は顕われない。はじめから念仏が顕われるんでなしに、散善を説かなければ——、それを逆にもうしましたらね、親がどうなろうと親のことを思わず、目うえの者も認めない。この頃の世の中は、なにかそういう気配にもなってきましたね。昔は先生といわれましたけれど、この頃は先生が生徒につるしあげに会《お》うたり—変な世の中になってきました。目上の人も敬わない。或は、情け心をもってものの命をとらない、これも段々なくなりました。ところが、親を大事にするとか目うえを敬うとか、或は情け心をもって世の中のことを思うていくということがないようになって、そんなことがなんにも気にならん人には、念仏の顕われようがないじゃないですか。生きておる親を思うては、親をさえ大事に出来ないと思うたりね、先だった親を思うては、苦労をかけたなあと思うことによって念仏が顕われてくるのじゃないですか。この頃の人だとね、魚たべても、食べられるのがあたりまえだ─豚も食べられるのがあたりまえだ。人間に食べられるのがあたりまえのようにいう。どこにね、虫けら一匹といえども人間に殺されるようにできておるものがありますか。食べなきゃ生きておれない。けれど同じ食べたってね、こうして魚の命をいただいて命をつながせてもらう、魚の前に手を合わせて食べる食べかたと、食べられて─それであたりまえだという食べかたと同じでしょうか。

富山県ではまだそうでありませんでしょうが、私のほうではこの頃法事が勤まりましても、すっかりお精進ということがなくなりました。生臭いものばかりになりました。ところが、その生臭いものになるはじめの頃に、門徒の家へ行きましたら、「なにも、魚を食べんだけが精進じゃない」と。理屈はそうでありましょう。そういってそのつぎに言うことがね「魚やら牛は人間に食べられるようにできておるんだからして、人間が食べて、魚や牛が成仏するんだ」と、こんなかしこそうな理屈を言う人があった。それで私笑って、「なるほどなあ、魚や豚が人間に食べられて人間の身体になって出世するんかしら。けれども、その逆も考えられるな。そんなことをいって魚や豚を食べて、勿体ないとも有難いとも思わんだったら、人間が魚や豚に近づくということはないかなあ」。どっちからも理屈はでますね。まあ、そういう世の中になってきましたけれどね。やっぱり魚食べても、こうして命いただいてというときには、お念仏がでますけれどもね、今のような理屈を言っておったらお念仏も出ませんわな。

だからして親鸞聖人は、散善を説かれることによって、はじめて念仏が現われるご縁をここに示されたわけである。念仏はどうして現われるかといえば、世の中を思い、親を思い子を思い、そうした人間の日暮らしを思うていってお念仏は現われてくる。ところが、お念仏をもうしましても――さあ、皆さんがたやっぱりお念仏もうされても（こんどはお念仏をもうす者にとっても）、問題になるのはこの世の日暮らしのことでありましょう。親や子のことはどうでもいい、極楽へさへまいればいい―そんな人はないでしょう。お念仏は、この世の業縁の中に日暮らしをするものにとって、親を思い子を思う心が、お念仏になって現われる。けれどもまた、念仏をもうす者にとってはね、念仏もうすものが親をどう思うたらいいのか―子をどう思うたらいいのか、ということが念仏者の問題じゃないかと思うのであります。

歎異抄に流れる観経の心　そして『歎異抄』の方へふりかえりますというと『歎異抄』は昨日少し話をしましたように、わずか親鸞聖人のお言葉というものは十ケ条ならんでおるだけであります。ところが、その十ケ条が三段ずつに分かれますが、うちはじめの第一章からして第三章までは、念仏・信心ということを三つの章にわかって示される。「弥陀の誓願不思議」というのは、全体のことを表わされてそしてその後にでてくる「念仏をもうす」ということについてであります。第三章は、どんな人がといって、浄土へまいらせてもらうという人のことであります。ところがそのつぎに、四章から五章・六章と、この三章がちょうどいま話したことにあるのです。四章というのは、

慈悲に聖道・浄土のかはりめあり。聖道の慈悲といふは、ものをあはれみ、かなしみ、はぐくむなり。

そうすると、まあ一口《ひと》にいってしまえば、『観経』の中にもお念仏の現われる縁として「慈心不殺」と――情け心、慈悲の心をもって世の中に日暮らしをさせてもらうとあります。念仏を称える人も、「わたし等そんな慈悲の心なんか……、念仏もうしておりさえすればいいんだ」では、念仏の顕われようもないし、又そんなことで片付くもんではないのであります。だからして、慈悲の方が先へでておりますね。ところが自分で、慈悲の心をおこしてものひとつを殺さないとしても、殺さなければならん縁のあるときには、沢山の命をいただかなければ生きていけない。又ことにこれは、人と人との間柄でありまするか

らして、あの人が気の毒だ—この人が気の毒なと思ってもね、それでは徹底的にその人をあわれみ—悲しみ—はぐくんで、仕合わせな身にすることが出来るかといったら、わが子一人も仕合わせにすることが出来ないのであります。もっと縮めていったら——自分が念仏を喜んでおったら、子供にも念仏もうす—孫も念仏もうしてくれるようにと思うのが人の心であります。ところが、子供一人に念仏もうさすように出来ますか。孫に念仏もうすようにすることが出来ますか。

これはこの頃の お寺に詣られる老人の歎きでもあります。よくそういうことを聞きます。私どもはいいけれど、息子が念仏もうさんとか、仏法を喜んでくれんとか——どうしたらいいんでしょう、と。そうすると、これは今日の問題でもありますね。どうしたらいいのだろうと心配する人もあるし、どういうたって—この頃の者はしょうがないわと言ってね、投げやってしまう人もあります。けれどもほんとは、思うまいと思うておってもね、やっぱり子供も孫も仕合わせになってくれるように、念仏もうしてくれるようにと思わずにおれぬのであります。

さあそうなって—思わずに おれないところに、子供一人にさえ念仏伝えることもできないという身にとって、顕われてくるものが念仏だとこういう。念仏こそは、わが身が念仏もうしていそぎ浄土へまいらせてもらう、念仏のみが大慈大悲の心だと。聖道の慈悲というは、わが心に慈悲の心をおこす。浄土の慈悲というは、この身が、称えない人の姿をみては念仏もうさせてもろうて浄土にまいらせてもらうのが、みんなの人をあわれみ、悲しみ、はぐくんでいくことだと——四章はこれでありましょう。

これはまあ『歎異抄』の方だけで話をしますれば、四章は生きておる人をあわれみ—悲しみ—はぐくむ。或は後にくるものを、と。それから五章にうつりますと、これは先だった人を——そこで孝養父母ということがでてくる。「親鸞は一遍にても」、一口《ひと》といえども父母の追善供養と思うて、

父母孝養のためとて、一遍にても念仏まふしたることといまださふらはず。

ここに「父母孝養」という孝養は、生きておる親に孝行をするということだけじゃなしに、追善供養であります。先だった人に、この念仏をもうして助かってくれるようにということで、一遍でも念仏もうしたことがない。するとこれはまあ、父・母というものででておりますけれども、広くいいますれば、先だった人をどう思うか、子供が死んでしもうて—その子供をどう思うか。

だいたい、仏教が日本へ渡りまして—お寺が建ったはじめは、父母の追善供養のため貴

族の人が寺を建てられた。寺が建つのも追善供養であります。法事が行われるのも追善供養であります。そして、そのことは今日といえども、なにかしら先だたれるというと、みんなの心の中に、追善供養の思いがでてきます。〃どうしたらいいんだ〃と。

そこでそれを問題にして、わざわざ五章にいっておられます。

そのゆへは一切の有情は、世《せ》々生《しょう》々の父母《ぶも》だからして——自分の父母だけを助けるのではなく、一切の生きとし生けるものはみんな、或は父であり—兄弟であったものであるからして、念仏していそぎ仏になって、神通方便をもって有縁を度すべきなりと。(そのゆえは一切の有情は、みなもて世々生々の父母兄弟なり。いづれもいづれも、この順次生に仏になりてたすけさふらふべきなり、………。ただ自力をすてて、いそぎ浄土のさとりをひらきなば、六道四生のあひだ、いづれの業苦にしづめりとも、神通方便をもて、まづ有縁を度すべきなり)。

それから六章が、

専修念仏のともがらの、わが弟子ひとの弟子という相論のさふらうらんこと、もてのほかの子細なり。親鸞は弟子一人ももたずさふらふ。

師匠と弟子との間柄のこと。生きておる人と人との間柄のこと、先だった人とのこる者との間柄のこと。おなじように念仏の教えを聞かさせてもらえば――師匠と弟子との間柄と、こうして人と人との間柄のことが、十章のなかに三章まで、分けて説かれてある。それが、ちょうど今読まさせてもらった「散善顕行縁」に「浄土に生まれるたねは（彼の国に生ぜんと欲する者は当に三福を修すべし）」、「一《ひとつ》には」といってできたことにぴったりあたるわけでありまする。嗜《たしなみ》のことやら、世の中のためにという―世福・戒福のことは別にでておりませんけれども。そうすると――こんどは、『歎異抄』のなかには『観経』のお心がずうっと流れておるんだという話をしようと思ったのであります。こういうところをみても、『観経』と『歎異抄』は離せんものでありますね。

定善は本願を示す縁　さあ、それで元へかえります。ところが、これだけで「序分」が終ったのかといいますると、そうじゃない。こんどはまた、阿難と韋提希とをよんで、

これから未来の一切の衆生のために、浄土に生れるたねを説くであろう（今《いま》者未来世の一切衆生、煩悩賊の害するところの者の為に清浄業を説かん）。

こういう言葉がでてくるのです。その一段を「定善示観縁」といわれる。散善のほうは、散《ち》る心のままで――皆さんが日暮らしのなかで、親を思うたり子を思うたりする心でありり

ますね。こんどは定善といいます。定善というのは、心をしずめてであります。だいたい『観経』というお経は、韋提希夫人が牢屋の中で――牢屋の中だからして、親に孝行をしようと思ったって・世の中のためにしようと思ったって―そんなことは出来るんじゃありません。胸の中は、なんでこんなひどい目に私はあわんならんのだろう、なんでこんな子供をもったんだろう、なぜ提婆達多のような悪人がおったのだろう。また釈迦如来さまも仏さまであるならば、せめて提婆達多ぐらい教化をしてくださってもよかろうに……。恨んだり憎んだりする―胸の中がおさまらんのであります。胸の中がおさまらん時に―何が求められるかといったら、この胸の中がどうしたらおさまりますかということが問題であります。胸がくしゃくしゃする時に――皆さんがたはともかくね、一般の人からいいましたら胸がくしゃくしゃする時に、どうかお念仏称えたいといって願うものはないんであります。胸が千千《ちぢ》に乱れますれば、どうしたらこの胸の悩みが、胸の思いがしずまりますかと。だからして、胸の思いがしずまるために説かれたのが定善であります。心をしずめて――息慮凝心《そくりよぎようしん》、心を一処《ひとところ》にして、そして浄土―仏を思わせてもらう。

だからして、定善といわれるものは、胸の思いがだんだんしずまっていく順序が十三通りに説いてあると、こういってもいい。そしてその定善を説かれようとするのでありますが、「定善は観を示すの縁なり」こういうふうに善導大師は、この一段に名前をつけられる。これが終るというと『観経』の本論（正宗分）に入るのであります。

ところが親鸞聖人は、「散善顕行縁」を、散善は念仏を顕わされるご縁——親を大事にして、情け心をもってということによってお念仏があらわれる。こんどはね、心をしずめて浄土を想うということによって何が示されるかといったら、本願を聞かさせる。示観という「観」は、本願を心に思いうかべる。お浄土をこういうふうにして想えよということによって、その浄土のたてられたもとの本願を思えよと。ところがその「定善示観縁」を説かれるところに、釈迦如来が韋提希に「汝及び未来の一切衆生の、煩悩の賊に害せらるる者のために浄土の行を説かん」こう言われる。それをまたかさねて、

汝は此れ凡夫、心想羸劣《るいれつ》にして未だ天眼を得ざれば遠く観ること能はず。今諸仏如来に異の方便（てだて）が有って、浄土を見せしむることを得たり。

そういうふうにいわれると、その言葉をうけて韋提希が、

私は今、仏さまの力によって浄土―仏を見ることができる。けれども、仏様がなくなられた仏滅後の衆生は、どうしたらこのようなお浄土を見ることができますか（世尊、我《わ》が如きは今仏力を以ての故に彼の国土を見たてまつる。若し仏滅後の諸の衆生等は濁悪不善

にして五苦に逼《せ》められん、云何《いかん》して当に阿弥陀仏の極楽世界を見たてまつるべき)。

この言葉がでてきて、はじめて『観経』の本論の説法がはじまるのであります。

未来世の衆生とは　ところがそれにつきましてね、「私はこうして、今釈迦如来のお力によってお浄土を想うようになりましたけれど、仏さまがなくなってからの衆生は」と、こういったときに、韋提希夫人の胸のなかにでておった人は誰でありましょうか。「仏さまがなくなられて後の衆生」と、こういわれます。それは、母親からいえばみんなの人であってもね、韋提希夫人みずから、阿闍世のことだと、こういっておる。

母親の心というものは、ときによったら、この子さえなかったらと――こう思うのも母の心であります。けれども、母親が救われるためには、この子さえなかったらという子供が救われなかったら、母親は救われませんな。子供にも苦しめられたら、この子さえなかったらといって愚痴のこぼれる。それなら、その子が死んでしもうたら、やれやれ楽になったという母親がありますか。母親が救われるためには、憎んで――邪魔にしておるように、この子さえなかったらという子が救われなかったら、母親は救われません。

だからして、仏さま――釈迦如来が言われたことは、ただ「未来世の衆生」とこういって——その未来世の衆生は「煩悩の賊に害せられる」衆生であります。憎いとか—可愛いという心に邪魔をされる、そういう未来世の衆生であります。ところが、韋提希夫人がその言葉をうけてでてきたのは、未来世の衆生というような言葉ではなく、「私はこうしてあなたさまのお力で浄土を見ることができましたけれども、やがて釈迦如来さまもなくなられて、親を殺そうとまでしたあの阿闍世はどうしたら救われますか、ということをお願いしておるのであります。その言葉が出るまで、『観経』の説法が始まらなかったところいってよいのです。

それを逆に表わされたものが『涅槃経』の阿闍世が救われていくところの物語であります。この阿闍世も『涅槃経』というお経によれば、浄土へ参いるのであります。ご信心をいただくのであります。そこへいきますとね—それが反対になる。釈迦如来さまがやがて死なれるという前に——やがて三月《みつき》したら自分もこの世から去るであろう—涅槃に入るであろう。けれども「阿闍世のためにいま暫く涅槃に入ることができない」、阿闍世のために、まだ死ねないとこういわれる。そうするとお弟子がたが、「提婆達多とくんで、釈迦如来さまさえ亡ぼそうとしたような——どうして、あんな悪人のためといわれるのか」と、こういう疑問をもっておたずねをする。すると釈迦如来が「お前達は私のいう心もちがわかってくれ。阿闍世のためというのは、未来世の一切衆生のためということである」。阿闍世のためというのは、煩悩の賊に害せられる人たち――阿闍世が悪いんじゃない、阿闍世も業縁によって、ひとたびは親を殺そうとした。けれども、それによって今苦しみ悩んでおるんじゃないか。やがてここへきて教えを聞かなければならんのは阿闍世である。だからして、「阿闍世のためということは、ただ一人《ひとり》の阿闍世のためじゃない。一切の煩悩の賊に害せられる未来の衆生のためだ」と。

『涅槃経』のほうでは、阿闍世という言葉で、未来世の衆生というものをあらわす。『観経』のほうでは、仏がなくなられてからの衆生という言葉で阿闍世をあらわす。『観経』はそこへいきまするというと、親と子とが、母と子がともに救われる道がただ念仏だと、憎む者と憎まれる者とがともに救われていく道が念仏だ、ということを説かれたお経だとこういただいていいのであります。

日想観――浄土の光は大悲の光　これで、『観経』のはじめの言葉は終ったわけです。これから『観経』の本論といいますか『観経』のほんとのご説法が始まるわけです。ところが、今日午前に言いましたように、『観経』には「広くいろいろの譬を説いて……」とこういわれてある。そして親鸞聖人は、広くいろいろの譬を説くというのは、『観経』のなかに説かれるお浄土の相《すがた》・仏の相がみな譬だ――「広説衆譬というは定善十三観これなり」とこうおっしゃる。

だからして、その譬ということのよくわかるのは、お浄土の相を説かれるのに、お浄土を見ようと思う者は太陽の西に入《はい》る相を心をひとつにして観よ。太陽の入る相を、体をひとつにし心をひとつにして、真《ま》西に入っていく相を観よ（まさに専心に念を一処にかけ西方を想ふべし。云何《いかん》が想を作《な》さん。………まさに想念を起こし正坐西向し諦に日を観すべし）。

お浄土は―その西の方角にあるんだと、こういって「日想観」というものが一番さきにでてきます。

ちょうど今日は彼岸の中日であります。昔からして、彼岸の中日がきまするると、四天王寺の西門からして、太陽の西に入る相を見るということが行なわれてきたわけであります。まあそれは、大阪の四天王寺さんの西門が真西に向いておるのでありましょう。そして彼岸の中日というのは、太陽が北へよらず南によらず、真西に入られるときであります。それで、四天王寺の西門からして日の入る相を見るわけであります。

それで善導大師は、「日想観」——西に入る相を観よということは、浄土のある方角、浄土のあり場所というものを、太陽の入る相を観よということで教えられたのだと、そういうふうに説くのであります。そうすると、浄土はどちらにあるかといったら西の方にある、と。

すると今の人だったら〝そんなことあるもんか〟と。けれどもさっきも言ったように、西の方にあるというのは譬であります よ。一日照らした太陽が、西の方へ帰ってゆく。——やっぱり妙なものでありましてね、この頃の人というか学問からいえば、そんな太陽が西へ帰ったりするか、と。太陽のほうが廻るんじゃない——地球が廻るんだということは、これは年寄られた人だって知っております。今日の学問では、地球がくるくる廻って日が暮れ夜が明けるんだと——それは知っております。けれども毎日日暮らしの中に、一日に夜が明けたり日が暮れたりするときに、地球がいっぺん廻ったから夜が明けたと思う人ありますか。そんな言葉使いますか。やっぱり一日が明けるときには、この体で感覚するときには、日が出て夜が明け、日が沈んで夜になると——これは私どものこの肉体が体でじかに感じておることであります。学問のうえで—頭の中でもう今は、「そんな太陽が廻っておるんじゃない、地球が太陽のぐるりを廻っておる」——その通りであってもね。

体が思うことは、やっぱり日が出ると「ああ夜が明けたなあ」とこう言います。日が入る相を見たら「今日も一日暮れたなあ」とこう言っております。

そうすると、お浄土はどちらの方角にといえば、ちょうど日が暮れていくように、私どもの一生がそこへ帰って、そこにおさまっていく方角に浄土というものはあるんでしょう。そして不思議なことにはね、人間の体というものは、やっぱりおなじお寺の鐘がなっても、夜明けになる鐘と夕暮れになる鐘とは、ひびきが違いますなあ。朝なるときの鐘は、さあ一日が明けた、今日もいそしもう―働こうという夜明けをつげる鐘であります。日が暮れてゆくときの鐘はね、朝のような清々《すが》しいという感じじゃなしに、静かに今日も暮れてゆくと。夕暮れがくれば、皆さんがた、べつに鐘のこえじゃなくても「ああ今日も暮れていった」とこういって――暮れの感じになります。

だからして善導大師は、「西の方を観よということは」――西の方に浄土があるということは、人間の一生を、一生の罪・障《さわり》、罪障を懺悔する方角にあると。今日も一日暮れました―今日も一日空しく過ごしましたと、夕暮れがくれば一日がふりかえられるでありましょう。ふりかえってみれば、今日も煩悩の賊につかわれて一日を空しく終りました、と。こうして、罪障が懺悔せられるひとつの方角に浄土がある。逆にいいましたらね、浄土を願うということは、この世の日暮らしの懺悔であります。この世の日暮らしに懺悔のない人に、浄土を願うということはありません。けれどもそれはまた、一日が暮れてゆけば、今日も休ませていただきましょう――と休む場所へ帰らせていただくことができる。昼は忙がしうしてきたけれども、これから眠りにつかさせてもらう。ほんとうに眠れる世界、安眠のできる世界へ――。そうするとそれは、お浄土がほんとうに眠れる世界でありまするからね「光明識知」といいます。光明。西の方へ太陽の入る相を観ることによって、光明が識《し》れる。お浄土の光。お浄土の光は大悲の光である。大悲の光が、一日の暮れてゆくときに――日の入る姿を見ておるというと、チラリ!!　チラリ!!　大悲の光でありますからね。どういう日暮らしをしておろうが「今日も一日ご苦労さんであったなあ、さあさあ休みなさい」というそういう言葉があったら、言葉の中から光がでやしませんか。

念仏の心　こういいますと、浄土教は消極的だなんていいますけれどもね。人間は、生きておったらみな働かなければなりません。けれども人間というものは、家のなかでも、働け働けといってそれだけで働く力がでてきますか。働け働けといいますとね、かえって反抗して働かなかったり、働いておっても心の底から喜んでは働きませんね。嫌々ながら、渋々ながら、やかましいなあと思いながら働くじゃないですか。けれども、ご苦労さんだったなあ—さあお休みなさい、といったらどうですか。お休みなさいだけれども、お休みなさいという言葉の中からして働く力はでてきませんか。皆さんがちゃんと知っておられることでしょう。ご苦労さんだった—休んでくださいと言われると、いやもうちょっとやります、と。休んでくださいーご苦労さんでありました、こういわれるというと、その中からして生きる力がでてきますすなあ。

さあ、一日の日暮らしもそうでありますが、人間の一生もそうじゃありませんかなあ。人間の一生が、おさまり帰ってゆく処をもつ、それによって生きる力が、この世に生きる力がでてくる。もうひとつ言えば、生きる生きるで力んでおる間は、力《りきみ》のきいておるから「死ぬようなこと考えなくていいんだ」と言いますけれども、それだけでいくときにはね、何時かは破れる時がきます。ところが、死ぬるという日を思いましてね—生きさせてもらうということが、死ぬるということを思うことによって出てくるのじゃありませんか。いろいろ皆さん苦労してこられても—どうですか。〃いま暫くの苦労だ〃とこういって—死ねる身にして頂いたらね、一日一日生きさせてもらう力が、死ねる身になるということから出てくるじゃないですか。

話がとぶようでありますが、一足跳びにもうしましたらね、皆《みんな》さまざまな苦労をしてきて——お浄土へ帰らせてもらうということは、振返ってもうしましたら、どんなしがない私の一生でありましょうとも、有難うございましたといって、自分の生涯に手が合わされるような一生がおくられる。死ぬるときにね、こんな苦労ばかりでつまらなかったと—それだけで死んでいったら、一生を無駄に過ごしたことになるじゃないですか。苦労もあった—涙もあった、けれども、有難うございましたと一生を振返って、わが身の一生の前に手が合わさったら、それが、お浄土に帰らせてもらう者の心もちじゃありませんかな。だからして、人さまを見て——善人もご苦労さんでありましたが、一生人に迷惑をかけたような人の一生、この人もご苦労さんだったなあと、こう拝める心が念仏の心じゃありませんか。「あんな者は地獄へいっとる」というのは念仏の心でありますか。わが身の一生にも手が合わされまするが、人の一生をみても、みんなご苦労さんでありましたなあ、みんな浄土へ帰らせていただけるのだと、こうして拝める心が念仏の心でありまず。

それを「日の入る相を観よ」ということで、浄土のあり場所・方角というものを、そして人間の一生をすまなかったなあと振返らせてもろうて、しかもすまなかった一生がそのまま、浄土の光に包まれてありますことを知らさせるために「西の方に太陽が入る相」という譬をもって表わされた。

仏を拝もうとおもう者は華座を観ぜよ　そして、それからしてまた澄みきった―この世の澄みきった水によせて、水の譬で ― お浄土を説いてくださる。お浄土は澄みきったその水が氷《こおり》になる――瑠璃地になる。そこにお浄土の大地がある。大地があったらそこに樹が植《う》わり、樹があればそこに流れる水がある。或は楼閣があると。こうしてだんだんと、いろいろの林やら、八功徳水の水やら、宮殿楼閣といったようなそういう譬をもってお浄土を説いてくださる。そして七番目がきまするというと、浄土の大地を観るものは、仏さまの立っておられる蓮華の座を観ずることができる。蓮華の座をしずかに想えよ、と。

ところが、その定善について浄土および仏を拝むのを十三通りに説かれて――七番というと一番まん中ですね。その七番目に「華座観」が説かれる。仏の立っておられる蓮華でありますから、これは一方からいうたらお浄土の方であります。まだ仏の体ではないのです。浄土をだんだん観させてきて――そしてその浄土を一番縮めたらね、仏のおられる場所ということです。仏はどこに おられるか といったら、蓮華の上に坐ったり立ったりと。

お木像もそうなっておりますね。その蓮華の座を観ずる。これを「華座観」といいます。ところがその「華座観」を説こうとして第七観にくると、韋提希を呼んで、そして言葉をあらためて、

これから汝が為に、苦悩を除く法を説くべし

と。あなたのために、苦しみ悩みが除かれるところの法を説くべしとこうおっしゃる。その言葉が終りますというと、お経の上には、空中に弥陀如来が立っておられる姿が説かれます。

無量寿仏空中に住立し、観音・大勢至是の二大士左右に侍立せり。光明熾盛にして具さに見る可からず

と。弥陀如来が観音・勢至をしたがえて、空中に光り輝いて立っておられる。韋提希夫人がその空中に立っておられる弥陀如来の姿を拝んで―そして、

私は今仏の力によって無量寿仏及び二菩薩を見たてまつることが出来ました。未来の衆生はどうしてこの仏が拝めますか。

そうすると

仏を拝もうとおもうものは先ず華座を観ぜよ（若し彼の仏を念ぜんと欲する者は当にまず

此の華座想を作すべし)、

こう言われる。

ところが、釈迦如来は『観無量寿経』をどこで説いておられるかというと牢屋の中で、地上に立って、浄土を想うものはこのように想えよ—このように想えよと、浄土をだんだん説いておられる。それが「華座観」まできますると、突然としてね「今から苦悩を除く法を説かん」とこう言われたら——阿弥陀如来が韋提希の目に映ったんであります。空中に立っておられる姿が見えた。そうすると、釈迦如来のほうは地面の上で法を説いておられる。阿弥陀如来は、地面の上に立っておられるのじゃなしに、釈迦如来の「苦悩を除く法を説かん」という声に応じて、見えないところに現われてくださる。

ここにね、釈迦如来と阿弥陀如来との、なんといいますか—仏さまの格の違いとでもいいますか——釈迦如来はこの世に現われて、『観経』でいえば定・散二善の法を説いておられるのであります。弥陀如来は、説かれる法において「空中に」といってそこに立っておられる。夢のようにといってもよろしいな。そこに「現われて」くださる。そうすると、説かれなければ現われない。けれども、説かれようとする心は——釈迦如来の説かれようとする心が、目の前に阿弥陀如来の姿になって現われてくださる。

招喚と発遣　それで、ちょうどこのところは、午前の座で「二河のお譬」のことを言いましたね。ここで出てきたんでもあります。「二河のお譬」というのは、どんな行を修してもいいが、一つには至誠心、二つには深心、三つには廻向発願心をおこして、定・散二善の行を修したら皆往生を得る―こう説かれるところにね、その信心を譬えという。けれども説かれておる内容からもうしましたら、ちょうど「華座観」の―この「住立空中」の仏身のところにあうのであります。

二河譬では、東の岸に釈迦如来が現われる、西の岸に阿弥陀如来が現われる。釈迦如来は東の岸に現われて「この道をたずねて行け」これは発遣の声である。その教えの声が聞えるときに、西の岸からして「汝一心正念にして直に来れ」という声である。釈迦如来は、人の姿をもってこの世に現われてきてくださったから、行けよ行けよといって私どもの後に現われて、私どもを前へ勧めてくださる。これが教えであります。釈迦如来さまがこの世に現われてもね、私どものほうにむかって「此方《こっち》へ来い―此方へ来い」とは呼んでいなさらんのであります。「お浄土にむかって行けよ、お浄土にむかって行けよ」と、こうおっしゃる。二河譬でいえば、火の河・水の河を、人間の一生がどれほど苦労であろうとも、念仏して人間の一生を行けよと、こう教えてくださるのが釈迦如来の教の声であります。だからして、善導大師も法然上人もね「念仏してこの世を過ごせよ」と教えられたんじゃないですか。この世の暮らしようは、念仏のもうされるように過ごせ、念仏してこの世一生をゆけよとこうおっしゃる。その声が聞える時にね、行けよというその教えの声がほんとにいただけるときに、「汝一心正念にして直に来れ」という弥陀の本願が聞えてくる。間違わないようにね。それが浄土の教えであります。

浄土の教えは「みんな此方へ来い―此方へ来い」という教えではないのであります。ほかの宗教には、みんな此方へ来い―みんな此方へ来い、此方へ来たら仕合わせがあるという教えがあるかもしれません。そういう教えが多いですね。これになったら仕合わせになる―禍がない。こういう教えが多いのであります。此方へ来いであります。ところが親鸞聖人の教えは、此方へ来いという教えじゃありません。地上の教えはどこまでも、あなたはあなたの道を尋ねていってくれ、であります。あなたの一生を、念仏していってくれというより教えの声はないのであります。若し東の岸に、地上にあって、此方に来いという声があったら、それを異学・異見・別解・別行といいます。だからしてそれは、ほかの宗教ということでもあり、またこうしてお話を聞かれるときにもね、自分の話を聞いたら信心が得られるというようなことは、あり得ないのであります。浄土真宗にはそういうことはありません。それは別のかたちで「親鸞は弟子一人ももたず」であります。みんなの口から念仏があらわれるのは、仏の御催《おんもよおし》にあずかって念仏があらわれてくださるのでありま
す。こちらへ来いというのでない。みんな、その人その人の道をいってくれ。火に焼けながらも水におぼれながらも、かすかながらも一筋《ひとすじ》の道をいってくれよと、これが親鸞聖人の教えであります。ただその教えの声において、弥陀の招喚の声が聞える。むこうから呼ばれる声はね、これは—この世の人の声じゃない。空中に——夢のようにその姿が見られる。『観経』の「華座観」では、姿であらわす。それを「二河譬」では「一心正念にして直ちに来れ」という。その発遣の声において招喚の声を聞くときに、「決定して」——死ぬるおそれがなくなって—一筋の道を通って、一生を終らせてもらうというのが二河譬なのです。これでひとつわかって頂きますね。

仏は　どこに　さあそうして、華座ということであります。仏さまの姿が現われるのでも、仏さまの姿を説かれてから現われてもいいようであります。そうじゃなしに、何故華座のところで仏が現われるか。「苦悩を除く法を説かん」と言われて、そして仏を拝もう

であります。

と思うものは「先ず蓮華の座を観よ」こういわれる。蓮華の座は、仏の立ちたもうところ

これについて『華厳経』というお経の中に、善財童子の物語があります。仏教では道を求める人のことを、歳がよっておるか歳がよっておらないかということじゃなしに、いつでも童子であらわします。子供は、つぎへつぎへ尋ねていくのであります。若々しい心をもって道を尋ねていく、それを童子であらわす。歳がよってくるというとね、生《なま》ざとりになって「世の中こんなもんじゃ、人間とはこんなもんじゃ」と、尋ねる心を失ってしまうんであります。問う心を失うてしまう。子供はね、どこまでもどこまでも尋ねていく。だからして童子なのです。その善財童子が五十三の善知識を尋ねていくことが『華厳経』の「入法界品」というものなのです。

ところがこの譬の中でもね、五十三の善知識を尋ねるというと、そうすると五十三の善知識がみな、「私はただこれだけより知らない、どうかつぎの人を尋ねていってください」と。私が知っていることはなんでも知っておるからして、もう尋ねる用事はない、というような善知識はないのであります。私はたったこれだけのことを知っておる、どうかつぎを尋ねていってくれ。つぎからつぎへと善知識を尋ねてゆく。ところがその三番目であ

りましたかね——そうするとその善知識の中には、坊さんもあれば、金持もあるし乞食もあるし、年寄りもあれば子供もある。さまざまな人がみな善知識であります。ところが比丘でありますからして—ある比丘を尋ねるというと「私はなんにも知らない。ただ十二年の間、この岸辺に坐ってじっと海をながめてきた。海を十二年の間じっとながめておったら、海の底からして一本の蓮華が生えてきた。その小さい蓮華の芽が—それがだんだん大きうなって、そして海面に現われて、その蓮華の上に一人の仏が立っておられる姿をみた。私の知っておることはそれだけだ」。これも譬であります。この波立ちさわぐ海をながめてきたということはね、この人世をじっとながめてきたということです。もっといえば、人間の一生をじっとながめてきた。十二年ということはね、人間の一生を十二因縁というもので表わすそれの譬であります。人間の一生を、この世のありさまをじっとながめておったら、生えるとも思わぬ その海の底からして、一茎《ひと》の蓮華が生えてきた。そして、それがだんだん大きくなって海の上に現われて—蓮華が開くというと、蓮華の上に一人の仏が立っておると、これはどういうことでしょう。

じっと、人世の底をみておるというと、どんな人にも——どっかに手を合わさずにおれない。そして、その手を合わす手が、だんだん水面の上に現われてくるというと——「仏

それぞれの苦しみの中に、悩みの中に生きていく姿を見て、どうかみんな浄土へと願うてくれよと、手を合わせて―かけられた言葉が、本願の言葉というものであります。

さあだいぶん長くなりましたからして、仏さまの見かたというようなことでは、だいたいこれだけで終らせていただきます。

第五講

心の散るままで　釈迦如来が、いまからと言葉をあらため、韋提希に「苦悩の法を説かん」といわれたときに、空中に阿弥陀如来が観音・勢至を従え、輝いて―立っておられるのを韋提希夫人が拝んだ。そして「私はいま仏の力によって、こうして阿弥陀如来を拝むことができましたけれども、未来の衆生はどうしてこの仏を拝むことができますか」といって教えを請《と》いまするというと、「仏を拝もうと思えば、まず仏の華座を観ぜよ」という「華座観」が説かれたという話をしてきたのであります。

そして「華座観」が終りまして、こんどは仏のお休《からだ》を観ずるのであります。私どもに、じかに仏さまを観ずることができません。そこで、お木像とかご絵像とか、それをどういうふうに拝ませてもらうか、それを「像観」といって、心のうえに仏さまの姿をえがいたり、或は絵像・木像を拝んで仏を想う。そしてそのつぎには、ほんとの阿弥陀如来の「真身」を観ずる。まあ『観経』の話をするということになれば、このあたりにも大事なことがあるんでありますけれども、こんどはそういうゆとりもありません。

そうして、だんだん観音さまを観じ勢至を観じ、そしてそのお浄土へまいらせてもらう姿が、またいろいろ人の機根は違うからして、大きい心の人には大きい仏を観《み》、小さい心の人には小さい仏を、大小自在に観ずる、と。こうして、心をしずめて仏を思い、浄土を想わせてもらう十三の方法が説かれてあるのであります。

ところがね、それをひとつひとつ聞いておるときには首肯《うなず》けるのであります。けれども、説かれることによってね、定善を説かれることによって―定善ができないということを知らされるのが『観経』であります。思うてもみなければ―してみないで、はじめから「私はそんなことはできません」というのじゃなしにね。韋提希夫人ならそれを聞きながら―聞いておるときには仏さまの姿も思われる、お浄土の相《すがた》も想われる。けれどもさて、それならいつでもこの心になることができるかというと――、そういうふうに説かれることによって、定善が行じ難いということになる。

それでそのことを思いますとね、ご開山聖人が叡山におられまする間、常行三昧堂の堂僧をしておられたのでありますから、お念仏を称えながら―目の前に仏さまが拝めるようにと、心を澄まし心を澄ましてそれを修行せられたんであります。ところが、心を澄ますそうとすれば「識浪しきりに動き」心はしばらくもとどまらぬ。だいたい私どもの心は、いつでも動いておるのでありますけれどもね、動いておるままでは動いておるということがわかりませんな。やっぱり、朝なり夕がたなりお仏壇にお詣りになって、まあ『正信偈』の間だけでも、暫くの間だけでも、ほかのことを思わないでお勤めだけしたいと思うておる。かえって心を静かにというと、ご和讃あげておる間も、後《うしろ》の声が気になったり孫の声が気になったり、心すこしも定まりませんということがでてくる。

だからして定善を説かれることによって「定善行じ難し」、私どもの心は、千千《ちち》乱れておって暫らくもとどまらない。それで「定善十三観」が説き終わられるというと、それでは心の散るままで——浄土往生の行というものを説かれたのが、あとの「散善九品」といわれるものであります。

で、これはお経のはじめのところで、少しくわしくいえば「散善顕行縁」というところに説かれたことであります。あそこでは、お経を説きはじめようとして—そこにまとめて、慈心不殺というこの世の道徳、小乗のたしなみの行、大乗の行というものをあげて、これが「三世諸仏の浄業の正因」だと説かれたのを、こんどはそれをくわしく、九品にわけて説かれたものであります。

本願の三信と観経の三心

ところがその散善にうつりまして、「上品上生」のところを説かれる一番はじめに、

三種の心を発《おこ》して即便《すなわち》往生す。

「発三種心、即便往生」と。三種の心をおこしたら、必ず往生を得る。

一《ひとつ》には至誠心・二《ふたつ》には深心・三《みつ》には廻向発願心なり。この三心を具すれば必ず彼の国に生ず。

こう書いてあります。そうすると、どんな行を修しましても、三心を具すれば往生を得ますけれども、もし一つの心でも欠けましたら往生を得ない、と。これは、でております場所は「上品上生」のところにでておるのであります。

中国の学者がたのなかには、上品上生のところにでてくる往生は、三心往生だ、と。つまり三心ということは、上品上生の人だけにかぎるんだと、こういうふうに読まれた方もあります。善導大師はそうじゃなしに、散善の行を説きはじめようとして「三種の心」がでたんだからして、九品の人―どんなそれぞれ自分の根機にかなう行を修しても――大乗の行の修せられる人は大乗の行を修し、小乗の行を修せられる人は小乗の行でも、と。まあ

そういう難しいことはできないからして、せめて世の中に情けをかけて、親を大事にして――そういうことのできる人はそれをして、と。けれども、どんな行でもいいが――それをするについては、三つの心を具せなければ往生を得ない、と。それが『観経』の三心といわれるものであります。

ところが本願のほうには、十方衆生にかけられた願は十八願と十九願と二十願と、三つあります。ところが『大経』のほうに説かれた本願の、「十方衆生」と誓われた三つの願にでてくる心が、『観経』のほうでは一つになってあらわされてある。それは、一番はじめの至誠心《しせいしん》。「しじょうしん」と読んでおりますが、至誠《しせい》の心――「まことの心」。これは本願のほうでも、みんな三願通じて「至心に……」「至心に……」と、こうおっしゃる。ところが、その「至心」はみな三願に通じますけれども、十八願の至心は、一筋《ひとすじ》に弥陀にたよるということに「まこと」である(至心信楽欲生我国)。十九願の至心は、「至心に発願して」――こういう行を修して、どうかこれによって浄土往生を得たい(発菩提心、修諸功徳、至心発願、欲生我国)。至心に発願して発願という字であります。二十願では「至心に廻向して」(至心廻向欲生我国)です。念仏ひとつになって、念仏によって往生を得る。至心に廻向する。

ところが発願・廻向という言葉は、『観経』のほうでは第三の心にあらわれて廻向発願心という名前になっている。そして三願に通ずる欲生――どうか浄土へ生まれたいと願う心を、発願廻向の字をもってあらわされる。そうすると二番目の「深心」――深く信ずる心といわれるものは、第十八願に「至心に―信楽して」とある信楽ということを、深く信ずる心―深い心とこうしてあらわす。

だからして三願のお心が、『観経』の方では一つになってあらわす。一つになってあらわれてあるからして、表から言いますれば、どこまでも、私どもがどんな行を修しても、この心を至誠《まこと》にして―深く信じて―どうかこれ一筋によってといって、浄土を願う自力の三心でありますね。けれども、その自力の三心を説かれることによって、あらわれてくるものが他力の信心である。それが――だからしていり雑《まじ》る。

至誠心とは　さてそうしておきまして、はじめの至心に「一《ひとつ》には至誠心」とこういう。至誠心は、善導大師の言葉では至誠というのは真実の心（至とは真なり、誠とは実なり）とおおせられる。真実の心ということを、今日の言葉に直しますると、まあ誠実な心。どんな行《ぎょう》でもいいからして、それを至誠心《まことどころ》で、誠実に――。そうすると、第一にわれわれに求められることは、どんな日暮らしをしておりましても、どんな日暮らしをしておりましても日暮らしにどうか誠実になってくれ。もうひとついえば、自分自身に誠実な一日一日をおくってくれということが説かれてあるわけです。

ところがそれにつきまして、こういうことをひとつ思うていただきたいのであります。それはあなた方が「あの人はほんとに誠実な人だ」或は「まことのある人だ」とこういったときには、かならずしもその誠実な人は、立派な人だというか、まあ校長さんだからして誠実だ、用務員だからして―誠実でないということはありませんね。小使しておったって、誠実な人は誠実であります。校長さんになっておったって不誠実な人は不誠実でありま す。大臣しておったって不誠実ならば不誠実であります。しがない仕事をしておったって、「あの人はまことの人だなあ―」といわれる人がある。ところが、その身分だとか地位だとか学問だとかというようなことでは、誠実・不誠実は、それにはよらないということがある。

もうひとつはね、こういうことがありますね。そういうことじゃなしに存外――なんといいますか几帳面にね、まあ酒に酔うたこともなければ煙草も飲まず、きちっとした生活をしておるからして―その人は誠実かと。反対にいいますれば、きちっとした人が誠実であって、酒に酔ったり極道をしたりしておる人が不誠実かとこういいますとね、存外きちっと冗談も言わない―酒も飲まない、というような人が誠実でないことがある。ところが、酒飲んでたわむれて……、そういうことをしておっても―誠実な人があります。

一つだけ例を思いだしました。それは詩をつくるような人の中には――そういう人があります。先年、こちらへ来る汽車の中で読んだのでありますが、草野心平という人が『物の味』という書物を書いているのを見ました。これは、味についてでもありますするが、この頃はみんなインスタントになったというか、店屋で買ってきて、そして自分の手を使わないで焚く。これは、食べ物に誠実でない。でその人が、酒ばっかり飲んでおるような人でありますけれども、料理をこしらえるときにはね、みんなが捨てたようなものを、上等な物でない捨てたような物を、もらってきたり安く分けてもらったりして、そういう物をいろいろ工夫をして、そして味をだす。みんながそこへ来ると〝こんな美味《おい》しいものはない〟とこう言う。食べ物について――誠実に物のいのちを生かして、誠実な食べ物をこしらえる、というようなことがでておったのであります。そして、それを書いた草野心平という詩人は、極道をしておるような話ばっかりが書いてある人であります。ところがそれを読みながら、なんと誠実な人かと感じたんでありります。ほんとに、うそ・いつわりがないなあ、と。ほんとに、日暮らしにうそ・いつわりがない。それから比べたら、私らの日暮らしはうそ・いつわりばっかしであった。こういうことを、ほかの人のうえでも皆さんお感じになることありませんか。随分遊んだ人だけれども誠実な人。几帳面であるけれども、どっかに嘘が雑《まじ》る人。

それで善導大師は、「至誠心というのは真実心」であるといわれる。私どもが身・口・意の業、身で行ない口で言い心で思うことが、どこまでも真実心でなければならない。誠実でなければならない。ところがその誠実ということが、表と裏とが――外に殊勝な姿をあらわしておっても、心の中に虚仮をいだいておったら、それは誠実ということはいえません な。外では殊勝のように見せておっても、心の中にそれに違った姿があったら誠実な人とはいえない。だからしていま言ったような話はね、存外、外ではチャランパランのように見えながら、かえってその方が、心の素直な姿になって誠実がみられる。外に殊勝そうにしておっても、心の中が………、

外に賢善精進の相を現じて、内に虚仮をいだくことを得ざれ。

これが至誠心だとこう教えてくださる。

ところが親鸞聖人は、その至誠《まこと》の心ということを――至誠心は、

身・口・意業に修するところの解行《げぎょう》がみな、真実心の中に作《な》されたことを須《もち》いよ（一切衆生の身・口・意業の所修の解行、必ず真実心の中に作したまへるを須ひることを）。こう読まれたのであります。そのときにはね、真実心、ほんとうの真実はただ如来さまだけ、如来さまのおまことを須いさせてもらうよりほかに私どもの……。そして「外に賢善精進の相を現じて、内に虚仮を懐くことを得ざれ」こう善導大師がお書きになったのを、

外に賢善精進の相を現ずることを得ざれ、内に虚仮を懐けばなり。

外に殊勝そうに現わすことをしてはならない。何故《なぜ》かといえば、心の底はうそ・いつわり——虚仮をいだいているこの身であればこそ、外にかしこそうに殊勝そうな姿を現わしてはならない。こういうふうに読まれた。そうしまするというと、内に虚仮をいだくわが身が知られたということが、如来の至誠心—真実心《まことごころ》によって知らさせていただいたんだ、こううけとらせていただく。

仏しろしめして　ところが「まこと」いうことにつきましてもね、こうしてよくお詣りをなさる方の中にときによりまするというと、「私らにはまことが無いんだからして如来の

おまことをいただくだけだ」と。それは間違いじゃありません、そうに違いありませんけどね。それをもう少しいうたら、「まことにならんでもいいんだ、まことの心がないんだからまことの心が無くてもいいんだ」。こんなふうに受けとられたら、これは大変な間違いであります。いいですか。まことの心の無いもんだということを知りながらね、どうかまことに日暮らしをしてくれよ、というのが仏の願いでありませんか。

私どもはね、自分でまことの心が無いなんて知っておるもんじゃありませんよ。実際の日暮らしになったらね。法義ずきになって、みんな寄りおうてご法義の話をするときになったら、「凡夫はまことが無いんだ―わしらになんのまことが有るか」と、こう言われるかもしりませんけれどもね。そのとおりの日暮らしを、家族の中で社会の中で、私どもが行うております。やっぱりね、家の中で一番間違うておらんのは自分だと思っておるのが、私どもの姿じゃないですか。年寄りからいえば――「若い者は困ったもんだ」と言ってね。困ったもんだといっておる時には、自分は困らんのだからして、自分の方にまことがあって人の方にまことが無いと、こう思うておる。それが私どもの姿であります。

だからして、自分にまことが無いというようなことは、私が私で知りうるとこじゃないんであります。むしろそこへいけば、まことが無いということは、仏が知りぬいてくださる。知りぬいてくださっておって、まことになってくれよということが願いであります。まことになれんもんだからして、まことにならんでいいという願はありません。親が、子供がなんぼ言うてもまことにならんから、ならんでもいいんだという親がありますか。みんなが「あんなものは直らんもんだ—あんな根性は直らん」と、こういって見捨てたってね、親だけは、直ってくれよ直ってくれよと、願わずにおれんものが親の心であります。直らぬ者に、直ってくれよと言われるまことがとどいた時に、まことがとどいた時にでてくるものは、「もうしわけがありませなんだ」ということであります。「ありがとうございます」ということであります。

だからして、その心が十八願の言葉でいえば、ただ如来の「至心に」といわれることを一筋《ひとすじ》に信楽する—よろこびの心であります。ありがとうございます。ありがとうございますというのが、「至心」にとおおせられた本願のまことがこの胸にうつった。それを〝そう言われるんならまことになりましょう〟とか〝そんなに言われたってまことになれませんん〟というようなのはね、聞えんのであります。聞えたらね、なれるもなれんもない、なれんままが、ありがとうございますということであります。それを『観経』のほうでは、深心、と。深く信ずる心《しん》、と。善導大師は、深心と。深き心というのを、深く信ずる心《しん》と書く。

深い信心・強い信心　ところが、ここでは深いという言葉で表わされたのでありますが――まあ、信心に深い信心とそれから強い信心と。これを――強い信心が深い信心だと思ってはいけない。何故かといいますと、私どもが強くいうときにはかえって弱いものをもっておる。「あんたのことを絶対に信じております」と強くいうときにはね、どこかに、ほんとうに信じておらないというか、浅い心であるからして言葉だけは強くなって「絶対に信じております」とこう言うんであります。

けれども子供が親を信じた時にはね、そんなに強う、親を絶対に信じておりますといわんでも、時によったら――なんとも思うておらん。けれども、なんとも思うておらんけれども、何時でも、淋しくなったら親を思いだし、悲しくなったら親を思いだし、うれしいことがあったら親の名を呼ぶ。なんと思うておるかと言うたら、「なんとも思うておらん」とこう言うておってもね―それこそ深い心じゃないですか。深い―信じた心。かえって私どもが「深《ふか》―く信ずる」とこういっておるようなのが、深いというけれど浅い心になりますね。

それを宗教なんか考えましてもね、みんなが「なんでもかんでも、これ一っだ」というように威勢よく動いていくというと、いかにも強い信仰のようにみえます。しかしそういう強さは、人間の心を、自分の心を張りつめた強さであります。破れるときがきたらいつでも破れるのであります。ほんとの深い心は、ほんとの深い信心というものは、そんなに自分の心を——なんといいますか、弓を張ったように張りつめなくとも……。どんなことがあっても、それひとつが失われない心が深い信心であります。だからして、人間の欲をかりたてるような宗教になってきますれば、やるときは一生懸命やります。病気を直してくださいとか金持になりますようにと、一生懸命になりますよ。けれども叶わなかったらね、叶わなかったらこれ駄目だったんだといって捨てる。それなら強そうに見えておったって、ほんとうの強さではありませんな。ところが、どんなになりましょうともということになったらね、地獄へ行きましょうとも浄土へ参りましょうとも、わが計らいではない、どこへ行きましょうともこういわれる時にはね、強くはないけれども深い心があらわされる。それを深心という言葉であらわす。

機法二種の深信　ところがこの深心を、善導大師は七深信ともあらわすけれども、まとめていえば機法二種の深信。どうかまことになってくれよ、と。どんな行を修してもいいから、それを裏表なしに誠実に行なえよという教をほんとに聞いたらね、何がでてくるかといいますと、不誠実な私どもの姿が第一にでてくる。それを機の深信という。だからして、法の深信の前に機の深信があります。

自身は現にこれ罪悪生死の凡夫、曠劫より已来《このかた》、常に没し常に流転して、出離の縁有ること無し。

この機の深信のご文を『歎異抄』でも、親鸞聖人が終りの「述懐編」のところに、「聖人のつねのおおせには、弥陀の五劫思惟の願をよくよく案ずれば、ひとえに親鸞一人がためなりけり。されば、そくばくの業をもちける身にてありけるを、たすけんとおぼしめしたちける本願のかたじけなさよと御述懐そうらいしことを」とこうありまして、これはまた、善導大師の「自身は現に罪悪生死」というお言葉に「すこしもたがわせおわしまさず」と。されば「わが御身にひきかけて、我等が身の罪悪のふかきほどをもしらず、如来の御恩のたかきことをもしらずしてまよえるを、おもいしらせんがためにてそうらいけり。まことに如来の御恩ということをばさたなくして、われもひともよしあしということのみもうしあえり」。それを私どもに知らさんがために、こうして親鸞聖人ご一生を、機の深信だけを引いて、法の深信を引かないで機の深信だけを引いて——親鸞聖人のご生涯を思うというと、この善導大師のお言葉に少しも違うておられないと、こう唯円房はいただいておられる。

ところが、この「機の深信」につきましてね、私の門徒に、剽軽《ひょうきん》なにかいうと冗談ばかり言っておる—そういう性質の男がおりました。ある時、その部落に報恩講がありましたので行ったところ、同行の人達がみんな一杯飲んでおりました。その後で、お勤めをしてそして私が法話をする時になったら、大きな鼾をかいて寝ております。法話がすんでしもうたら——人間て意地の悪いものですね。話をしておる間はねむとうなっておって、話がすんだら目がさめた。目がさめたらちょっと恰好が悪いから、私に向かって、「一杯よばれて、ご院さんのうだうだといった話を聞いておったら、すやすや眠って極楽へ参ったようでございました」、こう言うんであります。それで私は、向こうも冗談でそういうことを言うからして、「私がもっと面白い話をしてくれたら目がさめるのに、下手な話をするからして眠ったように言ったなあ。けれども私は話は下手でもね、君の目をさますくらいな術はなんぼでも心得ておる。君の前でよその人が何万円も儲けたという話をしたら一遍に目がさめる、よその人がこう言っておったという話をしたらすぐ目を醒ます。けれども欲の心もおこさぬように、腹立つ心もおこさぬような話をしておるからして、話が上手だからねむれたんだ」とこういって冗談言ったら、向こうも負けないでわざわざ逆ろうて、「ご院さん、昔から聞いておりますのに、まことの信心をえてお浄土に参る人は、国に一人か郡《こおり》に一人ということである。ほんとに、そうなんですか」。「ああそういう言葉もあったな」と。何、言うかと思ったら、「そんなにお浄土というところが、たった国に一人やら二人で淋しいところなら、私はみんな大勢―連れのある地獄のほうがよろしゅうございます」。

さあ、これは冗談にそう言いましたけれどもね、長い間お話を聞きながらも、そのあたりのことがはっきりせずに、お浄土へ参らせてもらう方は自分一人のように思うて、地獄へおつる方が大勢―連れがあると思うておったら、この人と同《おんな》じことでありますね。それは、機法二種深信においてもそういうことは説かれてあります。地獄へおちるというか―機というときには、「わが身は現に罪悪生死の凡夫」と、はっきりとね、この「わたしは」という「は」の字になる。「私も罪が深い」ということと「私は罪が深い」ということとは違います。私は、といったら一人であります。私も、といったら大勢―連れがあります。ところが、機の深信は明らかに「わが身は」である、一人である。だからして、地獄は、私がつくって私がおちていく世界だからして、一人より連れのない世界。私がつくって私がおちる。ところが、それを「も」にしまするというとね、私も悪いけれども―あの人も悪いんだ、ほんとの悪さは知れたんじゃありませんな。深く、深くわが身を信じさせてもろうたんじゃありません。私も悪いけれども向こうも悪い、と。そして法の深信の方は――助かる方は、お浄土へ参らせてもらう方はね、私は参らせてもらうんじゃありません。

彼の阿弥陀仏の四十八願は、衆生を摂受して、

であリますからね、生きとし生けるもの―みんなを摂《おさ》めとって、

疑い無く慮無く、彼の願力に乗じて、定んで往生を得。

みんなを救うてくださるものがお浄土であります。みんな救われるのであります。

ところが、機の深信の方を――連れをこしらえまするというと、法の深信の方が一人、かえって一人になる。私もあさましいけれども、あの人もあさましい。私もあさましいに違いないけれども、私はお寺へ参っております。私はお念仏をいただいておる、私は間違わぬ信心をいただいておる、あの人はお寺へも参らぬ。こういったら、人が地獄におちてお浄土へ行かんことになります、そして自分だけがゆくことになる。これでは、お法《みのり》を聞

きながら、実際の心の底はお法とは全く反対になってしまう。そうでない。どこまでもこの身を思う時には、「わが身は現に」である。そして「現に」ということは、罪の深いということは今罪が深いと。現に――その現在の日暮らしのうえに、どうしてこんな心がやまないものかといえば、「曠劫より已来《このかた》」という過去がそこにある。長い間のこういう日暮らしをつづけてきたんだという――そのことを思うたところが「常に没み常に流転して、出離の縁有ること無し」。どこまでいってもこれをくりかえして、助かるはずのない身だと――こうして表わされております。だからして、その心が『歎異抄』にも表われまして、終りの今お話しした言葉にもそれがちゃんと出てきております。

で、あるいはこれをきつく言われる言葉になりまするというと、『歎異抄』の第二章に「地獄は一定すみかぞかし」と。けれども地獄は一定すみかの身なればこそ、弥陀の本願のまことということがそこにいただかれる。これがまあ、深信ということであります。

(ちょっと休みます)。

散善行じ難し　深く信ずる心といわれる。深くわが身を信ずる。わが身のどうにもならない、ほかのことは替っても、わが心ひとつがどうにもならない身だということを信じられる。どうにもならない身なればこそ、その身にかけられた本願が思われる。それが機法二種深信です。だからしてこれは、私どもが、所帰の法といいますか、おみのりの法に対して、深く信ずる心と。その心が、お浄土の方へ向かって動きだす心が廻向発願心であります。どうか一筋《ひとすじ》に、浄土に向かって生れようという一生をおくらせてもらう。ところがさきほどもうしましたように、廻向発願という文字はね、文字はこれは十九願に発願、二十願に廻向といいます。発願ということは、自分の心に願をおこして、私はこういう行をもって、これでもって浄土へ生れたい。二十の願の廻向ということは、念仏ひとつになったけれど――念仏して―どうかお浄土へと。それからいえば、三心ともに、私どものおこす心と。けれども、もし一筋《ひとすじ》に本願をたのめば、廻向発願という言葉であらわされてあるけれども、それはただ如来の願力にまかせて浄土まで参る。だからして廻向発願の欲生心は、如来のよび声としてのもの。『観経』のうえではそれが、自力と他力とを分かたずに、或はいり雑《まぜ》になって表われておるのである。

それが、九品のことを説かれるはじめにこの三心のことがだされております。そしてこんどは九品《ここのいろ》ですね。九品ということは、人間の機類というか人の姿をながめたら、世の中には千差万別の人があるんであります。みんな一人《ひとり》ひとり、顔が違いますように心も違っている。すぐれた暮らしのできる人もあれば、又それのできない人もある。それをまあ、九品にまとめられたわけであります。それでその「上」といわれる三品は、これは大乗の行を修してとこういわれる。それを三つに分かたれたのは――まあ、ちょっとだけもうしますれば「上品上生」の人は、いつでも大乗の経典を読んで、それに従って、人をすすめてそして往生を願われる。それが「上品中生」になりますというと、大乗の経典を声に出して読むことはできないけれども、お経の心だけはよくわかっている。そして「深く因果を信じて」とこう書かれてある。それが大乗の人であっても、「上品下生」の人になるというと、お経の心がわかるというんではないけれども「ただどうか浄土へという菩提心をおこして」(但発無上道心)、そして「深く因果を信じて」ではなく、「亦因果を信じて」浄土を願う人と。こういうふうに、だんだん区別がつくのであります。

それが「中品」になるというと「中の上」と「中の中」とは、小乗の身の嗜のいい人。それから「中―下品」になるというと、そういう仏教の行はなにも修せられないけれども、世に情をかけて、そして親を大事にしていくと。世間の道徳であります。この六品

（上・中の六いろの人）は、なにかかにか善の修せられる人であります。ところが、それが「下—三品」になりまするというと、これはひっくるめていえば、一生の間なんの善も修せられない人。ただその罪の深さに従って、三つに分かたれる。

だからして、九品に分けてありますけれども、横にいえば色々の人のある—人の姿であります。けれどもお経を読みますと、さきほど定善のことを初めにもうしましたが、定善を説かれることによって、定善ができ難いということが知らされたとこういう。そうすると、九品の行を説かれることによって、その九品の行ができ難いと。「上品上生」の行を説かれることによって——それを至誠心《まことごころ》からせよといわれると「それもできませなんだ—それもできませなんだ」といって、九品の姿が自分一人のうえに見られる、と。即ち「散善行じ難し」ということである。

これだけのことはしておる、と　そうしておきまして、少しその散善の行についてもうします。私どもはどうかしますと、「わたしらはなにの善根功徳もない」とこう言ってしまいます。けれども、言葉は「なんの善根もない」といいながら、やっぱり「これだけのことはしております」というものが出てくるんじゃないですか。善根功徳をもって往生せよといわれたら、なんの善根もない者だ—ない者だと言いますけれどもね。けれどもどうでしょう。まあ、二つに分けたら善人と悪人でありますが、私はなんの善もないとそう思っておる人がありますか。むしろ私どもは、「これだけのことはしておる—これだけのことはしておる」、これだけのことはしておるというようなものをもっておるんじゃないですか。

そうすると一品一品につきまして、「それくらいのことをしておる」と思うておるものが次にはそれが出来なかったと。詳しく一つひとついくといいのでありますけれども——それが言えないからして、善人と悪人といいます。その善人の方の上・中の六品を「上—下品」でみて、そして「下—三品」の方とくらべ合わせて—一生造悪といわれる姿をみると、そんなに変ったもんじゃないですよ。そうすると、自分に情《なさけ》がない、同情心もない、人の心を思う心も無いなんて思ってるお人ありますか。

私はいつでも同じ例をだしますけれども、もう今四十にもなっておるような私の娘が、小学校に行っておりました時分に、夕飯を食べておりましたら「今日は困った」といって話をしました。「何に困った」かとたずねたら、「試験があって困った」と。親というものは馬鹿なものであります。「勉強しておかんからだ」と言ったら、「勉強はしていた、教科書に書いてあることだったら、どんなことだってみんな答えられます」。なかなか頑固な娘で言うことを聞かぬのであります。「なんの試験があったのか」と聞きましたら、その頃は修身という課目がありましたが、修身の課目だった。「問題は」と聞きましたら――問題は三つでまして、一つは朝晩挨拶をしておるか。「お早ようございます」とか「おやすみなさい」という挨拶をしておるか。一つはお仏壇へ詣っておるか。一つは親に孝行をしておるか。その三つを自分のしておる通り書け、嘘を書かないで書いておきさえすればそれでよい。二・三日すればお母様たちに来てもらうんだからして、正直に書いたか不正直に書いたかわかるんだから――と。

そう言われても、私にはまだわからんのであります。そんな問題なら、三分か五分あればすぐ書けるでないか。そしたら―娘は本気になって怒って、「違います。一番の挨拶しておるか―していないか、これはすぐ書ける。二番のお仏壇に詣っているか―いないかもすぐ書けます。けれども、親に孝行をしておるかという問題は、一時間考えたけれども私はどうしてもわかりませんでした」。それで「なんと書いてきたか」と言ったら、「いいかげんです」と。そんなに孝行をしておるとも思いませんし、そんなに不孝しておるとも思いませんし――。出来るだけしておるつもりであります、ということを私どもの方の言葉では「いいかげんです」といいます。出来るだけしております、こう書いた。それを聞いたとき「いい答を書いてきた」とこう言ったんです。もう後《あと》、私はそこにはよう坐っておれなかった。何故そこに坐っておれなかったか。孝行をしておるか―しておらないかということがわかる時がきたら、悲しいときであります。そうじゃありませんか。両親がそろっていて、仕合わせにして食べる苦労もなければ――小学校の三年や四年の子供だったら、そんなに孝行しておるとも思いません。それかといって、親にそんなに心配をかけておるとも思えぬのが人間の姿じゃないですか。そしたら「いいかげんであります」「ほどほどであります」、こう書いたことは正直であります。

けどもどうですか。私ども大人が、自分達のしておることをみても、同じことが言われるんじゃありませんか。そんなに親に不孝をしておるとも思わない、出来るだけして孝行しておるんじゃないですか。出来るだけ――世の中の人のことを思うても―暮らしておるんじゃないですか。

出来るだけということはね、出来ないところがある。これは仕方がないといってね。ところがもし、私どもにそういう試験問題がでましたら、どう書くんですか。大人は計らいが多すぎるから、或は仏法を聞いておるというと計らいがだんだん大きくなるからして、ときによったら、私は不孝者であります―親孝行なんかできませんと書いて、これでよかろうと、試験の答案をもってくるようなことはありませんか。〃私は悪人でございます〃というような答案をもってきて、これで機の深信になっておりましょう、というような答案だされることがあるんじゃないんですか。これは一番困りますな。もし不幸な子供があって、「孝行しようと思うても親がありません」と書かなければならぬ子供があったら、不仕合わせなんです。〃これで満点でしょう〃と言ってもってきませんな。〃心配ばかりかけております〃と書いて、これでよろしかろうと言ってもってはこれませんね。子供がもって来た時に、親に苦労ばかりかけておると書かなければならんような時があったらね、先生にも見てもらいたくない。試験をしますると、答案の書けん学生は、人の置いた答案の下へそっと置きたがるものです。ちょっとでも見られたくないのです。それと同じように、「私は悪者《わるもの》でございまする」というようなことは、人様の前で大きな声で言える言葉じゃございませんな。

一人《ひとり》のうえに九品を読む　人間だから仕方がない、といって言いわけした日ぐらし。仏法は謗《そし》らぬけれども、本気になって、わが身一人《ひとり》にひきあてて聞く気はない。仏法も結構なものだ―宗教も大事なものだといいながら、わが身にひきあてて聞く気はない。そうすると、

「中―下品」といわれる善人ということと、悪人ということがそんなに変ったもんじゃありませんな。みんな、出来るだけけしておるということからいえば善人です。けれども、みんな、言いわけしながら暮らしておるということになったら悪人。そしてそれが、一番しまいの機になりますということになりますと、これはことさらに思うて悪を作った人であります。だからして言いわけさえも出来ない。さあ、そうしまするという と、九品《ここのいろ》の人が並べられて、九品の機が往生を得ると説いてありまするけれど、それはただ横にいろいろの人があるということだけじゃなしに、「これくらいのことは出来る―これくらいのことは出来る」と、こう思っておったものが、至誠心《まことごころ》をもって、裏表なしにそれをせよという教えを聞かさせてもらうことによって、「それも及びませんでした―これも及びませんでした」と、「上―上品」と思うておったものが「それも出来なかった」といって、「上―中品」になり、これぐらいのことはと思うておったのが、「それもやっぱり裏表がありました」といって「上―下品」――だんだんさがってくるのであります。だからして、一人《ひとり》のうえにお経を読まさせてもらうのであります。

ところがそれにつきましてね、こういうふうにいただく――。お経を聞くことによって、だんだん深く自分というものを自覚していくんだと。その通りに違いない。ところが、その自覚していくということになりますとね、だんだん、それも出来ないわが身だ―わが身だとこう深く知って、ときによると、悪人と知ったのが最も自覚の深いものだ、善人と思うておる人は自覚がたらん人だと。こういうふうになりますと、自覚―自分に覚《さ》めてきたということさえもね、自分の心になってしまいます。はよう言ったら、悪人と知った者こそ最も自覚の深いもの、善人じゃと思うておるような者は自覚がない――そうすると、あの人達はまだ自覚が足らないのだ、と。悪人正機と、自分のことを悪人と知らさせてもらった者が最も自覚の深いもの――。そうすると、自分の方が偉ろうなってきます。

それで私はね、自覚するといってもいいんでありますけれども、こうしてこんな歳まできますと、そうしてふりかえってみますと、だんだん自覚してきたというような言葉で表わせないほど、自分の生涯というものは「あれにも落第した―これにも落第した」「あれにも破れた―これにも破れた」。同じことのようでありますけれども、あれにも破れた―これにも落第してきたということになったらね、落第せん人は、あれは自覚が足りないんだというような言いようはできませんな。

横に眺めたときには、大乗の行も修せられ、世の中の道徳も守られ、そういう人はまことに目出度い人だとみなければなりません。自分がだんだん深く徹底して自分を自覚したのだ、ところ思うというとね。うかうかと暮らしとるから——あれは自覚が足りないんだ、ということも言えますけれどもね、だんだん、落第ばかりしてきたんだといっておったら—恥ずかしうてね、これが一番自覚の深いものでしょうなんて言えません。あれにも破れこれにも破れ、破れ破れて一生をゆくものであります。

そうすると、もし善根の出来る人をみたら、そういう人はまことに目出度い人でありす。もっといえば尊敬が出来るはずであります。あの人はあんなに立派な一生をおくられた、この人もこんなに立派な一生をおくられた、それに比べて自分は、外側はともかくも、内側からいえば、あれをやっても駄目—これもやっても駄目で、あれにも落第し—これにも落第して、なんの寄るところも無いものでありますということが出てくるはずでありす。眺め方が違ってきますね。

だからして、やはり往生の姿ということから申しましたら、『観経』では、浄土へ往生しても——往生する姿もそれぞれ違ってくる。臨終来迎の姿も違ってくる、浄土の果報も違ってくるというふうに、浄土に差別をあらわしている。

臨終来迎を誓われた仏の心

いま臨終来迎という言葉がでましたので、ここでちょっともう一つ申しておきたいことがあります。『観経』のうえには九品の往生――往生の相《すがた》もいろいろあって、「上品上生」の人は立派な臨終来迎にあずかる。それに、臨終の来迎にも区別があると。で、区別のことまでもうしたいことはありませんけれども、ただ一つだけ注意したいことは、親鸞聖人は「臨終をまつことなし、来迎たのむことなし」――平生業成だとこう教えていただいております。ところがそのこともね、ただ浄土真宗では、臨終来迎をいわないのだ――いわないのだと、こういってすましてしもうておりまするを、言わないのだといいながら、事実としてはやっぱり臨終を問題にするというか、そういうことがでてきます。そうじゃなしに――もっと素直に、人間が生きていく姿をながめましたらね、臨終来迎が十九願に誓われ――『観経』に書かれたということは、これを説かなければ、平生業成ということが現われないということも考えられるのであります。

だからしてひらたく言えば、あなた方まあ来迎――仏さまを見るとか見んとかということじゃなくてもね、死ぬるということを思うたら、やっぱり心静かに死にたいという要求をもっておりませんか。事実としては、どこでどう死ぬかわからん身であります。どこでどう死ぬかわからん身だからして――やっぱり旅では死にとうない、そういう要求を持ちましょう。いつ――どこで、道の真中で交通禍に遇わんともかぎらない。かぎらないからして出来ることなら、そういうことに遇わないで家で死にたいと、こういうことは皆要求としてもっておる。そしたら、死ぬ時に思い乱れないでね、心静かに死なさせてもらいたいということは、年寄った人なら皆思われましょう。人間の心の中には、やはり心静かに死にたいという思いをもっております。

それなればこそ、十九願にわざわざ、臨終に来迎してでもという誓いが出てきたんじゃないですか。そしてそのことがね、これは皆様がたでもよく聞かれることでありましょう。人の死なれた時でもね、その人が念仏称えながらでも喜んでいたら、あの人の往生は目出たいとこういう。平生よくお詣りしておってもね、死ぬ時に淋しがったり、ぼけてしまってお念仏もでてこないというと、あの人は平生聞いておったのにと――私はそういう例をいくつでも知っております。

ある所に、苦労してよく働いて――そしてまだそれ程の年でないのに病気ぼけをして、淋しがったり、お念仏もでてこんようになって死んだ人があります。二人とももらい子でありましたが、その子供さんに、それもちょっと耳に入っておったから「あなた方は、まあお母さんを大事にして下さって有難かった、お礼はいう。けれども、もしも世間の人が言っておるようにあなたがたが、お母さんが病気になってから、淋しうて―無理をいって、お念仏も出なくなったということで、仏法を聞いていたってなんにもならんと言うようなことを言う人があったら、これは大変間違いである。どんな死にようをするかわからぬ身なればこそ、平生に聞かずにおれなかった。それだけは思うてくれ」と言ったことがあります。

もっといい例があります。ある所へ行きましたら、そこは、その辺では仏法聴聞のベテランのような人達が寄って、わざわざ会までつくっておりました。ところがその中でも、達者なときは会長をしておったような、なかなかきつい人があった。ところがその人が病気のため、とてもはげしい苦しみで、無理ばかりいって看護している人を困らせた。するとその仲間の人たちが、「あの人平生のときには、あんなに偉そうなことを言っておったけれども、やっぱり本物じゃなかったな」とこういう。

そうすると、臨終のことはいわんのじゃ――いわんのじゃと言いながら、ベテランの同行の人さえ、やっぱり臨終を問題にしてね、あの人は平生聞いておったのはうそだった、ほんものじゃなかった、と。そしたら臨終が問題になっているじゃありませんか。それで、なんかというと、平生業成だ――平生業成だというて、臨終は問題にならんようなことをいうております。

ところが、私はそのことについてはこう聞いたんであります。その無理ばかりいって死んだ人が、病気の苦しみがちょっとおさまると、「私の業さらし、死ぬる時までこうして業をさらして死ななければなりません」と言ったと。私は、親がそう言ったというその一言《ひとこと》を聞いてね―なにかしら、――それが平生業成じゃないですか。「死ぬる日まで業をさらして死なねばなりません」こう言ったなかに、お念仏の心も出ておるじゃないですか。それをただ、病気の苦しみで無理ばっかり言ったのを、そしてその臨終の死ぬる姿を見て、あれは嘘だったとかほんまじゃったとか。そんなら、嘘じゃったとかほんまじゃだとか言っておる人は、みんな臨終を問題にしておる。平生業成といいながら、臨終のよしあしということを言っております。

元えかえりまして――私どもの心には、やっぱり臨終ということが問題になればこそ、せめて死ぬる時には、姿を現わしてでもと、こういわれる。その臨終来迎を誓ってくだされた十九願の大悲を受けとったら、臨終を期する用事がなかったということになるんじゃないですか。せめてお迎えにまいります、と言われたその心がわかったら、お迎えの用事はございませんとこういってお礼がいえる。よそへ参りましても、お迎えにでもとこう言われた―その心を受けとったらね、そう言ってくださったらもうそれで満足でね、それに充たされたら―お迎えには及びません、こういうことが自然にでてくる。そうすると、臨終来迎を誓われた十九願の心が受けとれたら、臨終来迎を期する用事はない。これだけのことをつけ加えさせていただきます。

だからして私どもが、いろいろ聞かさせてもろうたことを、頭の中で、こうだああだと決めたことは、みんな私どもの計らいであります。そうじゃなしに、仏のお心は、私どもの臨終を期する心をみそなわしては、臨終来迎を誓うてくだされてそれを離れさせてくださるのであります。そこに、十九の願から二十の願、十八の願へと、転入をさせていただく心もちというものがあるのであります。

善きこころのおこるも・悪しきことのおもわるるも　さて善人・悪人ということが、『歎異抄』におきましては、第三章に「善人なおもて往生をとぐ、いはんや悪人をや」という名高い一章になって表われています。ところがこれはね、まあお寺へ詣られる方は始終聞いておられる言葉であります。

高等学校の教科書に、『歎異抄』が多くひかれているのであります。それを調べられたある高等学校の先生に聞きましたら、どこが一番多く引かれておるかといったら、その人の調べられたのでは、十七種の教科書のうち十五種であったかね、みな『歎異抄』の第三章が引かれてあった——こういわれるのであります。そうすると、『歎異抄』のなかでも第三章の言葉は、浄土真宗のなかだけではなくして、日本の古い宗教の言葉としましても、どんな人にもこの章は関心をもたれる。

ところがその章が、「善人なおもて往生をとぐ、いわんや悪人をや」ということにつきまして、その悪人というのはどういう人かということにつきましては、『歎異抄』の註釈せられた人にも、いろいろの説がでております。悪人というのは、親鸞聖人の時ではこういうときのことだというようなことが出ておるのであります。いちいちはもうしません。そしてまた、悪人というのは先程も言ったようにね、悪人と自覚したものが、というふうにも言われるのであります。けれども『観経』からうかがいますというと、悪人というのは、「上」「中」の六品の人はみな、なにかかにか善をしておる人であります。「下―三品」というのは、なんの善もない、思わずしらず悪を行のうてゆく人であります。

ところが、その善の行える人・行なえない人というものを『歎異抄』の十三章から言いますと「よいことのせらるるも宿業の故なり、悪《あしき》ことのせらるるも宿業の故」であって、——で聖人のおおせられるには、

卯毛《うのけ》羊毛《ひつじのけ》のさきにゐるちりばかりもつくる罪の宿業にあらずといふことなしとしるべし、

とおおせられたといって、いわゆる「ひと千人ころして」という譬がでておるのでありま

す。(以下テープ録音欠)

第六講

上・中品の善人と下品の悪人

……話をしておりましても、書物の名前がでてこなかったり、よく知っておる言葉がでてこなかったり、また何を話しておったのか、話をしながら―話がどこかへいってしまうようなことになって、だんだん年とともに話がしにくくなります。話がしにくくなった時分に、こういう大勢の人の前で話をさせてもらうことは実は心苦しいんであります。まあひらたくいったらこれだけ大勢おられると、目もぼんやりしまして、後の人の顔も見えませんし、正直にもうしまして一人ひとりの肩をたたいて、「みんなご苦労さんでございました。念仏申して、一生ゆかさせてもらおう」ということより他にないのであります。けれども、それだけ言って三日間を過すわけにいきません。ことに初めてでありまするからして、宗意安心講座でどんな話をしたらいいかと思って、『歎異抄』と『観経』とをいっしょにしたような、『歎異抄』の中に流れておる『観経』のお心というような心づもりで話をしておるのであります。

で、『観経』の話もはかばかしくまいりませんでした。ことに今日午前中は長い時間がかかりながら、あれを言いこれを言っておって、言うておる心もちが皆さんに通じなかったようにも思うのであります。すまないことでありますが、それをもう一遍くりかえさせてもらいます。まあ『観経』の終りに散善九品といって、浄土往生をさせていただく人にもいろいろさまざまの姿がある。「上品上生」の、上の上の人もあれば下の下の人もある。その九品というものを分かって見ますれば、六品はみな善人、なにかかにか、自分の善を行なえる人。下―三品は、一生の間善を行なうことが出来なくて、さまざまな悪をつくって、と。

ところが、それをひらたく申しましたらね、みんな、この世の人を見ましたら、どんなに人から悪口を言われておる人だって、なんのいい心もない―なんの善もないという人は、私一人もないように思うのです。みんなそれぞれの人が、それぞれの自分に出来るだけの善をさせてもらっておる。それがちょうど、中―下品にでておるのじゃないかと思うのであります。人に親切にして―親を大事にして―人を敬うて、ともかく自分に出来るだけのことを皆さんしておられるのじゃないかと思うのであります。出来るだけのことをしておりましてもね、人間が、まあこれで出来るだけのことをしておると思うのでありますけれど、命が終る時がきたら、自分のしておることの頼りなさというものを思わずにおれないんであります。

達者なときは出来るだけのことはしておる。けれども命終る時になると、なにかしらんこれより他にないんだといっておりましても、その頼りなさというものがある。そのとき、臨終に善知識があって――四十八願でいうことが中―下品にだけでておる。臨終に善知識がお浄土のことを説いて、そしてまた阿弥陀仏の四十八願のことを説く。「上品上生」やらそういうところに、四十八願のことを説くということがちっともでないで、中―下品のところにでてくる。ところが、自分が出来るだけのことをしてきたと思うておるものも、命終る時がくれば、そのしてきたことの頼りなさというものを思う時に、四十八願を説かれたということはね、自分でしてきたと思うておるけれども、その後《うしろ》には、かぎりのない願いが、あなたにかかってあるということです。

もう少しくだいてもうしますれば、出来るだけ世の中のことをしてきたと思っておるけれども、世の中からしてもろうたことと、自分が世の中にしたこととどちらが大きいか。してきた―してきた、出来るだけはやってきたと思うておりましてもね、その私がすることとは、ほんの僅かでありましても、五十年、六十年生きさせてもらえば、さまざまな人のご親切をいただいて今日までできたのです。そのさまざまな人のご親切を忘れて暮らしたものに、命終る時に、世の中の人のさまざまなご親切―善意をうけて、こうして生きさせてもろうたんじゃないかということを教えてもらう。こういうふうに窺《うかが》うことができます。ところが、出来るだけの善をしてきたと思うておりますものも、またこの世に生きるかぎりはね、いろいろの悪をつくらずにはこの世は生きられんのであります。

そうでありましょう、世の中には気楽な人があって、人様にご迷惑なんてかけた覚えはないなんて言っておりますけれど、覚えがあるようなご迷惑は大きなご迷惑であります。知らない間に、あの人にもこの人にもご迷惑をかけなければこの世は生きてゆけないのであります。だからして、善人といわれる上―生の者も、いろいろの悪をつくった「下品下生」というのも変りはないのであります。いろいろのことを皆してきて――いいことばっかしと思うことありませんね。

けれども平生の時はね、言分けがいつでもつくんであります。これもしようがない―あれもしようがないといって言分けをして、そして暮らしておる。それがやはり、臨終の時に善知識に遇うて、南無阿弥陀仏と称せられる。

五逆・十悪の罪　ところが、その「下品上生」に説かれました悪はいろいろの悪であるけれども、なんの悪ということはでておりません。ところが、最後の「下品下生」にまいりますると、もろもろの悪をつくって——五逆・十悪をつくると、はっきり罪がでておりますね。五逆・十悪であります。だからして、父・母を殺す、あるいは仏の身から血を流す。教団の平和を乱す。みんなが仲ようしておるのを乱す、これは自分に覚えがあることです。覚えがあることだからして、言分《いいわ》けができないからして慚愧あることなし、あやまる心がないとも書いてあります。ああ悪いことをしたなあとこう思う。ところがそこに、五逆がでてきたんであります。親を殺したところいいましたが—そうすると五逆というものは、『観経』の始めへかえりまするというと、阿闍世が五逆をつくった代表の人であります。「下品下生」の人も往生を得るということは、阿闍世も救われるということがこの中に入っておるわけですね。それを阿闍世の物語りで書いたものは『涅槃経』でありまするけれども——ともかく阿闍世が救われる。

ところが、親を殺すとか平和の教団を乱すと。また仏の身体から血を流すとか、阿羅漢を殺すとか、そういうことを言いますとね、私らはそういう覚えがないとこういわれます。けれどもまた思うてみまするというとね、親は殺さなかった、人は殺さなかったけれど、親を殺したと同じようなことをしたということは、ある筈であります。人を殺すようなこともしてきた、ということも言えるでありましょう。

そうすれば、これはまあ「下品中生」の方にでてくることでありますけれども、僧侶になりますというと、お寺のものを偸《と》っておったという。偸っておらないつもりでありますけれどもね、やっぱり仏さんに捧げられたものを、私のようにつこうたら、偸ったのと同じことであります。それはなにも寺にかぎったことじゃなしに、こうして生きておりますれば、いろいろ職業について――、そうするとやっぱり知らない間に物を――〝あなたは物を盗んだだろう〟と言われたら、私は盗人《ぬすびと》の思いはないといいますけれどもね、けれども考えて見たら、盗んだのと同じようなことをしております。そうじゃありませんか。役所につとめておっても学校につとめておっても、時によったら使う物でも、役所の物を会社のものを、自分の用に使うということができてきますな。便箋一つでも品物一つでも、わが身の用に、公のものを使う。そういうことを、大か小か知らないけれども、やらずには生きておらない。気をつけておってさえ、やっぱり、自分のように学校の紙を使うというようなことは、知らない間に行うておるのであります。

そうすると、それと同じように、五逆のようなことは、やっぱり私どももおなじであります。そういう人が命終るときに善知識があって、臨終に善知識があって、そしてこの人に妙法を説いて、教えて念仏せしめられる。ところが、仏を念ぜよと教えられるけれども、

此の人苦に逼《せ》められて念仏するに遑《いとま》あらず

と。心から仏を思うことが、病気に逼められて出来ない。そのときに「仏を思うことが出来なければ――念仏することが出来なければ、ただ声に出して南無阿弥陀仏と称すべし」(汝若し念ずること能はずは応に無量寿仏を称すべしと)。で、「十念を具足して南無阿弥陀仏と称して」――この人は命終って浄土に往生すると、こう下―下品では説かれてあります。

臨終の善知識の声　ところが、午前中に、臨終来迎ということをすこしお話しました。ところが中―下品やら、下―上品・下―下品、ここへきますと、来迎ということが説かれずして、臨終の善知識ということが説かれてある。「命終る時に――善知識に遇うて」と、こういうことが説かれてあります。

で、それにつきましては、私近頃そういうことの機会にあいましてね。善知識ということがひとつ問題になった。或はもう少しいえば、善知識とはよき人であります。わが身の先生ということである。善知識といわれることと、それから諸仏といわれることと、それ

がどう違うか。そんな難しいことを思うんじゃありません。まあこうして法を聞かれるのでも、いろいろの方のお話を聞く。どの人のお話も聞く。それがただこういう真宗のお御堂のお話だけじゃなしに——真宗だって禅宗の方のお話も聞かれるし、或は哲学者のお話も聞かれる。いろいろの人のお話を聞いて——結構だと。ところが、いろいろのお話は聞くけれども、自分の一生が助けられるようなそういう人の話を聞くかというと——それぞれの人にそれぞれの縁がありますけれども—しかし、「この言葉ひとつを聞いていく」というものが無かったらね。

ところが、臨終の善知識というとなにか難しいようでありますけれども、このあたりでもそのようなことが行なわれるのじゃありませんか。平生はご院主さんに用事はなくても——葬式や法事の用事はあっても、平生ご院主さんの話を聞くということはない。けど、まあ病気が重うなった〃ご院主さん頼んでこい〃というようなこととないんですか。もうあかんそうな—御院主さん頼んでこい、というようなこと無いんでありましょうか。私の方では—そういうことが時々おこるんであります。悪くなってくると、ご院主さん頼んでこい。そうするとね、あの人悪いなあと思っておっても見舞にさえ行けない。何故かというと、ご院主さんが来なさったとなると、もう死ぬんかなあ——こう思われるというと、病気見舞にさえ行けないようなこともないではありません。

平生は聞かないでも、死ぬ時がくるというと、ご院主さんを頼んできて話を聞く。そうするとやっぱり、臨終の善知識を求めるんであります。臨終の善知識を求める。その臨終の善知識、なかなか臨終の善知識にはなれんものでありますが――なんにも、命終らんとする時に言うことはありませんね。

去年の暮に――これは亡くなったお父さんをだいぶん前から知っておった。お父さんが生前に私の所へ時々来ておられましたので、残っておる人達に私のことが話してあったのでありましょう。その娘さんが私のところへ来られた。この人は結婚をしましたが、主人も亡くなってしまい、そして一人の残った子供は、今もう三十をこえておりますけれども小児麻痺であります。生れたままで、ものも言えなければ、身体も動かぬ一番悪性の小児麻痺です。そして八十近いお母さんと三人暮らしをしておるのであります。

ところが、自分が達者な間に、私の所に来ましてね、皆世間《みんな》の人が「あなたもあの小児麻痺の息子さんがなかったらいいのになあ」と言ってくださる。けれども、そう言われましたら、それもそうでありましょうけれども、「お母さん」とさえ言えないような子供でありましても、やはり私がおれば、何かわかるのでしょう、おとなしくなる。言えないながら言っておる―あの様子を見まするというと、もしあの子が死んでしまいましたら、私はこの世の中に生きる力が無くなります。親の心というものはそういうものでありましょうな。

その人が去年、今からいえば一昨年の夏頃から病気しましてね、私が知る前に一遍手術は受けておったのでありますが、また再発したのであります。私が毎月八日に、神戸を通って大阪に来るのを知っておって、それが父親の命日にもなりますので、八日だけ寄ってくださいといわれて――一年あまり神戸の病院へたいてい寄ったのであります。ところが、話があるかといったらなんにも話はありません。私は行ってもね、ときによったらなんにも話さんと、ただ顔をみて帰ることがあるのであります。

ところが、病院でもだんだん悪くなりまして、これは家へ帰った方がよいということになりまして、家へ無理やりに連れて帰った。で、去年の十二月でありましたか「来てください」という電話を受けたんであります。それで、夜よそから帰るついでに寄りまして――病室へ入ったんであります。それまでにも何遍も、もうこの人には会えないかなあ、と思って別れたことがあるのであります。その時ははっきり、もう間《ま》がないということがはっきりでておった。それで病人の人には、「長い間ご苦労さんであった。もう暫くの辛抱、お父さんの帰られたところが近いんだ」とこう言いました。そしたらお母さんが私にこうもうされました。「こんなになっても、お念仏がでません。お念仏が申されませんが」と。まあ、私に勧めてくださいということでしょうな。お念仏がでませんがと、こう言われる。それで私なにも考えずに、思わずお母さんに「死んでゆく人に念仏が用事があるんじゃない、残ったあなたはお念仏なしにどうするんですか」。思わずそう言ってしまった。

どうでしょうなあ。一方からいえばね、子供が死ぬ、親が死ぬ、せめて命終る時に念仏でも申してくれたらと、こう心配するのであります。やっぱり臨終の善知識を求むるのであります。けれども――人の死ぬことは心配するけれども、自分の身は忘れておりゃしませんか。死んでいく子が念仏申さんと―こういわれますけどもね、たった一人の娘を先立《だ》てて、不具の孫と暮らさなければならぬ母親が、念仏なしにどうして生きることができるんだろう。先立ってゆく子を、見おくる親こそ念仏がなければ見おくれぬのでありませんか。ところが、わが身の念仏は、わが身にとっての念仏は忘れて、そして、死んでゆく者が念仏申すか―申さんかということに、つい心がなりそうでありますね。

さあそこで――、そんな言葉が思わず出てしまったんでありまするが、けれども下―下品におきまして、一生造悪の、五逆十悪を作ってきた人が、ひとつの悪業の故に長く苦しんでゆかねばならん姿を見て、善知識が「仏を念ぜよ、仏をおもえ」と。が「苦に逼められて念仏するに違《いとま》あらず」と。また、声にだす念仏だってね、病気がはげしくなれば、頭がぼけてくれば念仏もでないことがありますね。その時に、声に出して「ただ念仏せよ」とこう善知識が教えられるとき、「それでは念仏申しましょう」というような心ありますか。念仏申せよといわれるからして、念仏申すということにかぎりましょうか。この臨終の念仏は、よき人が「声に出して念仏せよ」とおおせられる仰せそのままが、念仏の声になって現われるはずであります。それでこそ善知識の声であります。

けれどもそれを持ちかえてね、臨終に念仏ができたから・できないからというようなことで、往生をかれこれ計ろうなればそれは人間の宿業を思わぬことであります。

観経の問題と歎異抄第十三章　こうしまして、その善《い》いこと―できるだけのことをしておると思う人も、一生の間にも親を苦しめるような思わぬこともしてきた、人をあやめるような、それに似たようなことをしてきた。そういう人も、この世の宿業というものがあれば、皆それをうけてゆかなければならない。善《い》いと思うて善《い》いことが出来るんじゃなし、悪いと思うて――悪いことが出来るんである。こうして、宿業の問題は『観経』の問題であって――そしてそれが、午前中の終りの時にもうしましたように『歎異抄』の悪人正機といわれる第三章には、

善人なをもって往生をとぐ、いはんや悪人をや。しかるを、世のひとつねにいはく、悪人なを往生す、いかにいはんや善人をや、と。この条、一旦そのいはれあるににたれども、本願他力の意趣にそむけり。

なぜかといえば、自力作善の人――宿業がよくて―自分の力で善のできる人は、本願他力をたのむ心がかける。ところが、下―下品のように、なんのたのむ善のない者にとっては、ただ本願の教――「念仏申せよ」といわれるその言葉ひとつをたよりにするよりほかにたよりがない。だからして、本願の浄土へ生れるとこういう。それに照らし合わせて十三章では――そういうふうに聖人はおおせられたのに、いまの有様をみるというと、悪をおそれない人を本願ぼこりだといって、往生がかなわぬようにいう。これは、善悪の宿業をこころえぬことだと(弥陀の本願不思議におはしませばとて、悪をおそれざるは、また、本願ぼこりとて、往生かなふべからずということ。この条本願をうたがふ、善悪の宿業をこころえざるなり)。

で、どんな小さいことでも、善の行なわれることは宿善のもよおし、悪のせられること も宿業のもよおすことである。善《い》いと思って善いことができるんじゃなし、悪いと思うて それがさけられるんじゃなし、宿業はどうすることもできないということを「ひとを千人 殺してんや」という譬えをもって示された。だからして、世に商《あきない》をしたり、猟《りょう》漁《すなどり》をした り、野山に猪を狩《か》ったり、そういうことをするのもみんな宿業のいたすところだと、こう いって宿業の問題がでてきたんであります。

ところが、その宿業ということにつきましてよく、宿業だからしかたがないと。これは 私の宿業だから——しかたがないとこういう。しかたがないというような宿業は「わたし」 は無いんであります。まだ自分のときはいいけどね、人が不仕合わせに遇うたようなとき に「ああ、あの人の宿業だからしようがない」——こんな宿業は、仏法の宿業ではあり ませんな。宿業という業の字は「しわざ」ということなんであります。「しわざ」とい うことであったらね、いろいろさまざまの苦しみを受けてゆかねばならない、そういうい わゆる業報・果報でありますな。さまざまな果報をうける。「これは私の宿業でございま す」こういって、私のしわざでございますといって—受けとるのであります。

だからして、こんなめに遇わねばならんということも、こんな日暮らしをせんならんということも、私の宿業でございます、と。悪い方からいったらね、悲しみの心がない宿業はないんであります。宿業だからしかたがないというんなら、ちっとも悲しみの心でない。善ができたときには、「私のような者が宿善のもよおしで」といって、喜ばさしてもらう。苦しみが出来たときには、しかたないと投げやるんじゃなしに、「はあ、こういう宿業が恥かしうございまする」とわが身に受けとらなければならない。それを、まして人のうえへ、「あの人があんなめに遇うのは、あの人のしわざだ、あの人が悪いんだ」、これでは人を責めることになる。一般化して人のことにしてしまうと、おなじ言葉をつかいながら、宿業じゃといって人を責めることになる。これは仏法の宿業にはならない。そしてもうひとつは、私のしわざでありまするからして、私が果させていただくよりほかにと、責任があるわけです。ただ、しかたがないということでは責任を受けとらない。私がしてきたことでございまするからして、しかたがないとこう受けとる。

ところが、この『歎異抄』十三章には、野山に鳥を捕ったり猪を狩ったり、魚を捕ったり、あるいは商売をしたりと職業がでておるのであります。それがみな宿業だと、こういわれております。そこで―ひとつ思われることはね、職業というものは、どんな職業だってみんな、今の人のいうように、尊い・賤しいはない筈でありまず。皆それぞれの職業をしてくださるということが、世の中をよくしてゆくことになっておって、それに貴賤の差別はない筈であります。けれどもね、その自分の職業というものも——もし、これをしなければ生きられないんだという、職業《しょくごう》とこう読みまするというと、そこにはひとつの悲しみがある。職業には罪はないけれどもね、その仕事をしておれば——まあ商売をしておれば、商売をしておられる商売の罪というものを、感ぜられることがあるんじゃないでしょうか。それが学校の先生をすれば——、或は私らのようにこうして袈裟《けさ》・衣《ころも》を着るということも、今日では職業のようになっておる。袈裟・衣を着ておるのはね、やっぱり袈裟・衣を着た——罪の深さというものがありますな。けれども、一方からみればね、ほかのことを言うよりこうして話させてもらって、これでなにかお役にもたつこともあります。けれどもまた一方からいえばね、存外、仏法を汚さずにおれないということもでてきますな。職業は貴賤の別はないけれども、やっぱり悲しいものだということがではきはしませんか。これをしなければ——生きておれない。でそこには、職業の罪というものが感ぜられる筈だと思います。

職業のことあまり言いたくありませんけれど、どんな職業だってね、——学校の先生にすれば、教えそこないということもでてきます。お医者をすれば、診《み》そこないということもでてきます。商売をすれば、損得ということが気になってくれば――無理なこともでてくるじゃないですか。それを感受すればね、やはり職業の罪というものがでてきます。そういうことが、親鸞聖人の時にも、猟師をしたり、商売をしたり、そういうことの罪を重ねて生きなければならない――こうして示されたのじゃないかと思います。

この世に生きる悲しみ　私どもが、この世に生きさせてもろうておりまするというと、事をしますときにはね、みんなよかれかしと思うてするのであります。誰も好んで悪いことをしようと思う者はありません。だからして、みんなそれぞれの場所におって、よかれかしと念じてするのであります。

けれども、ふりかえってみますれば、ふりかえってみますればよかれかしと思うたことが、善《よ》きことじゃなしにね、悪しきことになったり、世間のことを見ましたらね、みんなが、おだやかに―平和にと言いながら、戦争が止まないような姿を見ましても、それがただ世間の上だけでなしに、自分のしてきたこともそうじゃありませんかな。教団なら教団というものが、おだやかになるようにと思うて、そして、何をしておるかといったら、存外教団を乱したり、平和を破って—そういうことを繰返しておりますな。よかれかしと思うたことが、人を苦しめたりね。

そうしますると、自分の生涯というものを振返りまするときにね、こうして一生をおくってきたことの、罪の深さというか業の深さというものをわが身に感ずるのであります。始めから悪いことをしようと思うてしたんじゃない。よいと思ってしたことがよいにならず、又そのかわり、悪いことが、悪いことだけで終らず。それがみんな、念仏の中におさめられて、いいことも悪いことも、そのままこれで有難うございましたということにならさせてもらうのであります。

ところが、その本願を『歎異抄』の方は機でうけられると書いてある。本願が、私どもに受けられるときには、私どものうえに現われるときには「ただ念仏して」という姿に現われるわけである。

この話は、半分程しかかってどこかへいったのでありますが、今月の初めでしたか—ある処へまいりました時のことです。二人の人がありまして「感謝の思いはありますけれども、お念仏が口に出てきません」と。勿体ないとは思うておるのでありますけれども、なかなかお念仏は出てきませんと、こう二人のひとが言われた。ところがね—その時に別な人があって、「菜葉を刻んでおっても—なにをしておっても、お念仏はしきりに出てまいります。けれども、有難いと感謝するような心持はでてきません」。反対のことを言われた。一方の人は、感謝する思いはあるけれども—お念仏はでてきません。片一方の人は、お念仏はしきりに、菜葉きざんでおっても、お念仏がでてくるのでありまするけれども—どうにもなりません。そして「私のしてきたことは、結局どうにしても消えんのでありますなあ」と。まあ業《ごう》といいますか、この人は終戦の時に商売も出来なくなって、まあ闇仕事というか、そういうこともしてこられた。私のしてきたことは消えんのですなあとこう言われた。その時にね—そういって話しながらも、これは何かあるのだなあと、こうは感ぜられた。

前の二人の人には「あなた方は感謝ができて、勿体ないと思うて日暮らしができたら、そんなに別に、そのうえまだ念仏称えんならんと力《りき》みいれなくても、毎日喜んで、有難うございますと日暮らしができたら結構ですなあ。けども、此の世に生きていくのに悲しいことはありませんか」と尋ねたんですけれどもね。ところがあとの方の人はね、その場でもうしましたことは——「私は罪が深《ふこ》うて、こんな商売をして、まだこうなりましてもいろいろの罪を犯さねば生きていけませんが、その過去からの業というものは消えんのでありますな」とこう言われたのです。それで私「そうではありませんと。業は消えないけれども、その業をほんとうに受けて………（録音欠）。

………そうすると、お念仏がしきりに口から出るということは、一方からいえば、まあ亡くなったお母さんやらお婆さんのお念仏ということもありますけれどもね、もうひとつはやっぱり、日々の日暮らしの悲しみが、日々の日暮らしの罪の深さというものがお念仏になって現われる。罪の深さ、悲しいこともない人には、有難いということだけの人には、お念仏が出てまいりません。

で私は、無理にお念仏を称えといわずにね、ただ悲しいことはないんですか、生きていくのに悲しいことはないんですか、といってたずねたのです。

三口でもいいから念仏申せ　さあ、念仏までかえりましたからしてもう少し、念仏のことを申させていただきたいと思います。勿論ここへお参りの方がたは、念仏ともうしますれば、まあいつもかも口に出ておらなくてもね、念仏称えられない人は一人もないでありましょう。けれども、今日の多くの若い人達は、念仏もなかなか申されませんな。だからして年寄りの人達が、若い者達は念仏申さん、と。けども、若い者達が念仏申さんということも苦しみでありましょうけど、まあ私どもが、もっと二十年も三十年も後に生れておったら、念仏が申されなんだのに、まだこう念仏を称えてくださる人達の大勢おられる間に生れさせてもろうたことを喜んでね――若い人が念仏申されんのにつけても、一口でも念仏の申されることを喜ばさせていただきたいと思うのであります。

ところが、その念仏につきましてね―こういうことがありました。母親と親子二人、満洲から引き揚げてきて暮らしておった人がありました。その頃、二十四・五の娘でありましたが、それがどういうものでありましたか、毎月、お医者さんやら学校の先生に雑って話を聞きに来ました。で、これも汽車が一緒になりますので、私が汽車で帰る時身のうえをいろいろ聞いたのであります。「あなたは、ああいう仲間へ入って私の話を聞いておって、何か面白いか、或はいいことがあるのか」と。すると、若い人は正直であります。「先生の話を聞いておったら―何もいいことはない、時によったら腹が立ってしようのないことがある」。腹がたつ。けれどもこの日がきますと、やはり出て来んなりません。足が出てきます。そして今日も、母親が身体が悪いので、居ってくれと言ったけれど出て来ましたと。「いかんな、たった一人のお母さんが、病気をしておる時だけでも大切にしてでも、言葉だけでも、顔色だけでも、何もしてやれませんからして、「ええ、何もしてやれませんからして、顔色だけでも、言葉だけでもあげなければ」と。「ええ、何もしてやれませんからして、顔色だけでも、言葉だけでも、やさしうしたいと思いますけども――けども（自分がまあ勤めして養っているのですから）顔がこわばったり、言葉がきつくなる。すると母親が「何《なん》のために仏法の話を聞きにいくのか」こう言います、と。

で、その次の年に行った時――「お母さんは快《よ》くなられたか」と聞きましたら「死にました」と。そしてその時に言ったことはね、母親が死ぬ時に、「お前もこれからは本当に一人ぽっちになるんだが、つらくて堪えられんようなことがあったら、三口でもいいからして念仏申せ」と言いました。そう言ってその時はまだ質問を出して、「なんで、お母さんがあんなことを言ったんでしょう。お母さんがいつもかも念仏申しておる人であったらそうは思いませんけれど」と。皆さん方のように始終お寺へ詣っておる人ならなんですけれど、そうお寺へも参らないし、「そうお母さんが念仏申しておるようには思わなかった。死ぬる時に何故三口だけ……」そういって私に尋ねたのです。

で、「それは私もわからん」。「私もわからんけれども、お母さんがまあかりに念仏称えなかったってね、お母さんの―お母さんが念仏称えたかもしれん、お爺さんが念仏称えたかもしれん。そしてもうひとつは、これだけははっきり言えるように思うが――お母さんが死ぬる時に、財産はこれだけこしらえておいたから心配せんでもいいという財産があったら、私が死んでも、あそこに頼る人があるんだからあの人を頼れという人があったら、お念仏はでてこなかったかもしれん。人もなければ財産も無し、一人の子供を残してゆくときに、言うておる母さえも知らんところからして、『念仏申すよりほかにないんだ』という言葉が出てきたのだろう」。こう申しておったのです。

ところがそれが四十九日頃に、「母親の言葉は忘れませんけれども、こんなに淋しうなったらお念仏も申されません」とこういう。こんなに悲しうなってきたらお念仏さえも出ません。そうして、「お念仏を申したって、私の今日の悲しみがお念仏で消えるとは思いません」とこういう。

それで私はね、ひとつひとつ無理がない、そのとおりなんだ。人間はあまり悲しみが激しければ念仏さえも出ない。あんまり苦しみが過ぎれば念仏さえも申されんのだ。だからして、死なれた間ぎわは気がたっておってしっかりしておっても、一日一日と悲しみが深くなってくれば、今念仏さえも申されんだろう――といってほかのことを言いました。「そんなに念仏さえも申されん程悲しかったら」、鏡台が前にあったから「鏡台を見るんだなあ」、鏡を見るんだなあ、こう言ったのです。

「鏡を見るんだなあ」と私が言ったのは――これも『観経』からでておる。『観経』の「日想観」の次に、「浄土を想うものは、水の澄みきったのを想え」といわれてあります。そしたらね―妙なもので、仏教のことを知っておるわけでもないし、心理学研究したわけでもないけれど―自然ですね。「そんな時には必ず鏡を見ております」とこう言った。

ところが、それから二年ばかり経ちまして――私が京都におりました時に、たまたまその娘が訪ねて来たのであります。その時私は、「今日は私の方から尋ねたいことが一つある。それはこの頃も、お仏壇（お仏壇といっても両親の写真と、真中にお名号が掛かっておる箱のようなお仏壇であります）の前に坐って、お母さんの写真の前に向かったときに、やっぱり〝お母さん〟とは呼べるけれども、念仏はでてこないか」といって尋ねたのです。南無阿弥陀仏という声は、でてこないか。やっぱりあの写真の前に座って「お母さんお母さん」と言っておるかとこういうて尋ねましたらね―ちょっと考えておりまして、「この頃は、母親の写真の前に座ってもお母さんと申しておりません。南無阿弥陀仏と申しております」とこういうた。そして、この頃私が、母親の写真の前で「お母さん」という呼びかたをしたら、自分の心にうそができます。お母さんと呼ぶよりは、南無阿弥陀仏と母を呼ばさせてもらうのが一番親しい母親の呼び方であります。

さあ、誰が教えたというんでもありません。親の無い自分の日々の日暮らしを、誠実に、ごまかさずに、正直に受けとってゆきますとね、母が死んだ時には――念仏申せといわれても、お母さんという声はでてきても、南無阿弥陀仏という声はでてこなかったんであります。けれども、悲しみが静かに深まってゆきますとね、こんどはお母さんではなしに、南無阿弥陀仏と呼ぶことが、母を呼ぶ一番親しい呼び方であります。こう言われた。

そしてそれは――説明をつけ加えていいますればね、両親の写真の前でお母さんと呼ぶだけなら、父親だけが残ってしまう。ところが南無阿弥陀仏と呼べば、母も南無阿弥陀仏の中にあり、父も南無阿弥陀仏の中にあるんじゃありませんか。先立った者を呼ぶ声が南無阿弥陀仏であってみればね、兄弟があれば兄弟も南無阿弥陀仏の中にある。これはわかっていただけますね。

そうすると、念仏は、親を呼ぶ声も念仏なれば、父を呼ぶ声も念仏母を呼ぶ声も念仏。さあ、それを広くもうしましたら、阿弥陀如来さんの前に詣ったから南無阿弥陀仏と申すと。観音さまの前に詣ったから、南無観音菩薩と申すと、薬師さんの前に詣ったら、南無薬師如来とこういわれますか。あなた方がしておられることであります。観音さまへお詣りしょうが、地蔵さんの前を通ろうが、あなた方の口から出てくるものは、ただ南無阿弥陀仏ひとつじゃないですか。観音さまも南無阿弥陀仏であります。薬師さんも南無阿弥陀仏であります。お宮へ詣っても南無阿弥陀仏であります。どこへ行っても南無阿弥陀仏。南無阿弥陀仏は求めるところもなく――、こうしてください―ああしてくださいといって頼もうとすると、観音さまには現世利益を頼まんならん―地蔵さんには死んだ子供のことを頼まんならんといって――頼まんならんことがでてくると特別の仏さまが出てきます。なんにも、頼むことのない―求むることのない、ただ人間が人間としての日暮らしの中を行かさせてもらうとき、どんな人の心の中にも、手を合わさずにおれないものがでてきたときの―その声が南無阿弥陀仏という声であります。念仏は、どんな人も、最も純なといいますか、なにもこうしてください―ああしてくださいと頼むようなこともなく、悲しければその悲しみの底からして、うれしければうれしいままが、そのまま手を合わせて、言葉になって出てくる声が南無阿弥陀仏であります。

だからして、念仏には、念仏を善とし行として努めるのでもなければ、一声称えたらいいんだ―沢山称えんならんというような、念仏には計らいは一つもない。一声の念仏が出てきたということに驚いて、ああ、このような者の口からも一声の念仏が出てきてくださったということを、喜ばさせてもろうてゆくよりほかないわけである。そのほかに「ただ念仏して」と「よき人のおおせをこうむりて信ずるほかに、別の子細なきなり」。信心というて、別にもつんじゃなく、ただ念仏の申されるままに生涯をゆかさせてもらう心を信心と名づける。私の方で、こういうふうに思うた―ああいうふうに思うた、と心を決めてかかるんならば、それを自力の信ともうします。私が信じましたという信じかたならばね、それは私が信。私が信ずる前に、信ぜられてあったことを喜ばさせてもらうよりほかに信心というものはない。そこに信心の喜びと信心の悲しみということが、『歎異抄』では現わされてあるのであります。

これで三日間の話を終らせていただきます。静かに聞いて下さいまして有難うございました。今日は今日かぎりのこととしまして、三日間ご縁があったことを喜ばさせてもろうてお別れさせていただきます。

あとがき

これは昭和四十二年三月二十日より二十二日まで、城端別院で行なわれた宗意安心講座でのお話「歎異抄の背景にある観経の心」を編集したものであります。実はこれは、城端別院で毎月発行の機関紙「同人」に、昭和四十八年四月号より昭和四十九年七月号まで、十五回にわたってテープより復元して掲載されました。この「同人」の最初の後記に次のようにしるされております。「先生は、お話の中にもありますように、別院というような所でお話なさることを、極力お避けになっていましたが、どうか一度とお願いしてご無理を申しあげ、ただ一度だけのおつもりでご出講くださったものと存じます。終ってから本年もとお願いしましたが、堅くお断りになりました。先生は、昭和四十四年お亡くなりになり、今となりましては貴重なもので再現して、皆様と共に、お味いにひたり故人をお忍び申し上げると共に、お互の信を得させてもらう縁とさせていただきます」。

たまたまこの「同人」を手にされた吉田龍象師（富山県福光町）が、これは是非出版したらよいとお勧めくださったことが、上梓の機縁となった次第であります。

爾来故人の七周忌もすでにすぎ、これが出版はいたずらに屋上屋を重ねる愚ともなり、故人の心にもそぐわないことではないかと躊躇いたしましたが、城端別院および詰番山下宗八氏のご賛意により有縁の方がたにもお聞きいただくこととなりました。また城端町段条寺ご住職今井義孝師が、当時の録音テープを保持してくださっており、お借りすることのできましたことも幸いしここに御礼申しあげる次第です。そしてこの印刷出版を心よくおひき受けくださいました法蔵館主西村七兵衛氏に深く謝意を表する次第であります。

（新田秀雄）

著者略歴

正親含英（おおぎ がんえい）

明治28年11月16日、姫路市に生まれる。

大正12年３月、真宗大谷大学研究科卒業。

大正15年４月、真宗大谷大学予科教授。翌年専門部教授を兼任。

昭和12年12月、学生監。同17年４月、文学部教授。

昭和30年12月、講師の学階をうけ侍董寮出仕となる。

昭和33年12月、大谷大学学長。同36年８月退任、名誉教授となる。

昭和44年12月28日、逝去。75歳。

著書
『三経往生文類講讃』『本願』『浄土の教え』『浄土真宗』『真宗読本　正親含英文集１』『流水に描く　正親含英文集２』他。

新装版　観経のこころ―歎異抄の背景にある

一九七七年　九月二八日　初　版第一刷発行
二〇一八年一二月二五日　新装版第一刷発行

著　者　正親含英
発行者　西村明高
発行所　株式会社　法藏館
京都市下京区正面通烏丸東入
郵便番号　六〇〇-八一五三
電話　〇七五-三四三-〇〇三〇（編集）
〇七五-三四三-五六五六（営業）

装幀　山崎　登
印刷・製本　亜細亜印刷株式会社

ISBN 978-4-8318-6561-8 C3015